REGNUM
BOHEMIA,
eique
ANNEXÆ PROVINCIÆ, UT
DUCATUS SILESIA,
Marchionatus
MORAVIA, et LUSATIA:
quæ sunt
TERRÆ HÆREDITARIÆ
IMPERATORIS.
Bohemia
Silesia
Lusatia
Moravia
Scala Milliarium.
Milliaria Germanica Communia 15 in uno Gradu.
Gemeene Duytsche Mylen van 15 in een Graad.
Milliaria Gallica sive Horæ Itineris 20 in uno Gradu.
Fransche Mylen ofte Uren Gaans van 20 in een Graad.
REGNI
HUN
GA
RIÆ
PARS
MORAVIA
SILESIA
BRESLAW
OPPELEN
RATIBOR
TROPPAW
OLMUTZ
BRINN
HRADISCH

Ekkehard Kuhn

BÖHMEN UND MÄHREN

Ekkehard Kuhn

BÖHMEN UND MÄHREN

Im Herzen Europas

Ullstein

Inhalt

Vorwort

In Böhmen und Mähren, den historischen Kronländern im Herzen Europas, haben Tschechen und Deutsche jahrhundertelang zusammengelebt. Vor wenigen Jahrzehnten endete die fruchtbare Symbiose der beiden Völker in dieser Region – nicht, weil das weitere Zusammenleben unmöglich geworden wäre, sondern weil skrupellose Politiker das Miteinander von Tschechen und Deutschen gewaltsam zerstörten.

Nach dem Ende des Zweiten Weltkriegs wurden 1945 und 1946 rund drei Millionen Deutsche aus ihrer böhmischen und mährischen Heimat vertrieben.

In der Tschechoslowakei, die 1918 gegründet worden war, lebten – einer Volkszählung von 1926 zufolge – neben 6,5 Millionen Tschechen und 2,5 Millionen Slowaken rund 3,3 Millionen Deutsche. Die sogenannten »Sudetendeutschen« stellten die größte Gruppe der außerhalb des Deutschen Reiches und Österreichs lebenden Deutschen. Sie bildeten keinen eigenen Volksstamm, sondern waren jeweils stammesverwandt mit ihren reichsdeutschen oder österreichischen Nachbarn jenseits der Grenzen und gebrauchten auch deren Dialekt. So sprachen die Deutschen im Egerland nordbayrisch, die Deutschen in der Gegend von Reichenberg oder Gablonz ein Schlesisch, wie es in der Oberlausitz jenseits des Gebirgskammes üblich war.

Neben den durchgehend deutsch besiedelten Randgebieten in Nord-, West- und Südböhmen sowie in Nord- und Südmähren gab es in der Tschechoslowakei zudem deutsche Siedlungsgebiete im Raum Zwittau, Iglau, Olmütz, Wischau, Brünn, Budweis und anderen Städten. In tschechisch dominierten Gebieten existierten sogar Städte, die eine deutsche Mehrheit aufwiesen, wie zum Beispiel Troppau, wo 70 Prozent der Einwohner Deutsche waren. In vielen Städten kam einer deutschen Minderheit im kulturellen und wirtschaftlichen Leben eine bedeutende Rolle zu, dies gilt vor allem für Prag und Brünn, aber auch für Olmütz, Mährisch Ostrau, Pilsen und Budweis.

Solange Böhmen und Mähren zum Heiligen Römischen Reich Deutscher Nation (bis 1806) und zur österreichisch-ungarischen Monarchie (bis 1918) gehörten, sahen sich die deutschen Einwohner mehr als »Gesamtdeutsche« denn als Böhmen oder Sudetendeutsche. Erst nach der Errichtung der Tschechoslowakischen Republik, die ohne Beteiligung der Deutschen erfolgte, traten Schwierigkeiten mit dem tschechisch-nationalstaatlichen Zentralismus auf. Jetzt erst setzte sich der Sammelbegriff »Sudetendeutsche« für die deutschen Bewohner von Böhmen, Mähren und dem ehemaligen Österreichisch-Schlesien durch, weil die Prager Regierung die bisherigen Bezeichnungen »Deutsch-Böhmen« und »Deutsch-Mähren« verboten hatte.

Das Modell einer »zweiten Schweiz«, wie es der tschechische Politiker Eduard Benesch bei den Pariser Friedensverhandlungen 1919/20 angekündigt hatte, wurde niemals verwirklicht. Die Tschechoslowakei war der Nationalstaat von Tschechen und Slowaken, in dem die Deutschen, Ungarn, Ukrainer und andere dort ansässige Nationalitäten, die zusammen mehr als ein Drittel der Bevölkerung ausmachten, ohne Minderheitenrechte blieben.

Infolge dieses »Geburtsfehlers« der Republik gestaltete sich das Zusammenleben der verschiedenen Volksgruppen in der Tschechoslowakei von Anfang an problematisch. Vor allem der sudetendeutsche Besitzstand wurde empfindlich geschwächt und im Laufe der Jahre in seiner Substanz bedroht. Bemühungen zur Normalisierung des Zusammenlebens kamen von seiten der von 1926 bis 1938 an der Regierung beteiligten sudetendeutschen Parteien, die den Versuch unternahmen, eine wirklich demokratische Staatsreform durchzusetzen. Doch der Rücktritt des kompromißbereiten Präsidenten Masaryk zugunsten von Benesch im Dezember 1935 verschlechterte die Aussichten auf eine Verständigung zwischen Sudetendeutschen und Tschechen wieder. Der neue Präsident sperrte sich gegen eine Lösung, die beide Seiten hätte zufriedenstellen können – mit ein Grund dafür, daß die Sudetendeutschen Ende der dreißiger Jahre in den Sog des nationalsozialistischen Deutschlands gerieten.
1938 forderte die Sudetendeutsche Partei unter Konrad Henlein Autonomie für die Sudetendeutschen. Prag, das in einem Bündnis mit der Sowjetunion stand, mobilisierte, lenkte aber auf Druck der englischen und französischen Regierung wieder ein. Tagelang stand Mitteleuropa am Rande eines Krieges, bis es buchstäblich in letzter Minute gelang, Hitler für eine politische Lösung zu gewinnen. Die Münchner Konferenz Ende September 1938, an der Hitler, Mussolini, Chamberlain und Daladier teilnahmen, regelte die Abtretung des Sudetenlandes an das Deutsche Reich, wie sie schon der britische Beobachter in der Tschechoslowakei, Lord Runciman, vorgeschlagen hatte. Hitler versicherte, nach den Sudetengebieten keine weiteren territorialen Forderungen zu stellen. Ein halbes Jahr später, als er mit seinen Truppen die Resttschechoslowakei überfiel und in Prag seinen »Erlaß über das Protektorat Böhmen und Mähren« diktierte, wußte die Welt, daß dies eine Lüge gewesen war.
Mit der gewaltsamen Annexion der Tschechoslowakei hatte Hitler das Selbstwertgefühl der Tschechen empfindlich getroffen. Dies und die nun einsetzende Verfolgung der Hitlergegner im Land blieben für die Deutschen nicht ohne Folgen. Benesch nutzte die Situation für sein Ziel der Vertreibung aller Deutschen – eine Rechnung, die aufging, nachdem Deutschland den Krieg verloren hatte.

Den Spuren der historischen Ereignisse der letzten Jahrzehnte bin ich auf meinen Reisen durch Böhmen und Mähren immer wieder begegnet. Aber die gemeinsame Geschichte von Deutschen und Tschechen reicht noch weiter zurück. Von den wichtigen historischen Stationen werde ich in den einzelnen Kapiteln berichten.
Böhmen und Mähren sind landschaftlich besonders schöne und kulturell reiche Länder. Die Fotos, die nur einen Ausschnitt davon wiedergeben, machen dies deutlich. Aber ohne die geschichtlichen Zusammenhänge blieben auch die schönsten Bilder beziehungslos. Deshalb war es mir bei der Schilderung unserer vier Drehreisen für den Film »Böhmen und Mähren im Herzen Europas« immer wichtig, die Historie, wenn auch oft nur kurz, mit darzustellen.
Daß sich im Buch von Mähren im Gegensatz zu Böhmen viel weniger Fotos finden, liegt an den extrem schlechten Wetterbedingungen, die wir dort angetroffen haben. Den Lesern, die aus diesen Landstrichen stammen und dieses Mißverhältnis bemängeln, sei gesagt, daß mir gerade auch diese Gegenden auf unserer Reise sehr lieb geworden sind.
Mein Buch wendet sich an die »alten«

Sudetendeutschen, die erfahren möchten, wie ihre Heimat heute aussieht, und an deren Nachkommen, die etwas über das Land ihrer Vorfahren wissen wollen. Es richtet sich aber auch an Leser, die keine persönliche Beziehung zu Böhmen und Mähren haben und die Region bisher nicht kennen. Sie entdecken zwei Länder, die einen Besuch wirklich lohnen.

Ich lade Sie nun ein, mich und mein Team auf unseren verschiedenen Reisen durch Böhmen und Mähren im Herzen Europas zu begleiten. Ich hoffe – nach meinen so erfolgreichen Publikationen zu Schlesien –, nun auch hier mit meinen Bildern und Berichten der »versöhnenden Kraft der Wahrheit« nähergekommen zu sein und wirksam zum besseren Verständnis und Verhältnis zwischen Deutschen und Tschechen beitragen zu können.

AUFTAKT

Reise ins Egerland im Juli und August 1996

Blick über die Eger auf den historischen Ortskern der Stadt Kaaden

Wir haben mit unseren beiden Autos den deutsch-tschechischen Grenzübergang bei Schirnding passiert. Die Zollabfertigung der Film- und Tonausrüstung meines ZDF-Teams verlief ohne langes Warten. Zur Mittagszeit gab es auch auf deutscher Seite keine langen Schlangen. In der Gegenrichtung standen die Lastwagen hingegen kilometerlang.

Es ist Dienstag, der 30. Juli 1996, ein warmer Sommertag. Wir sind zu einem Drehtermin in Kaaden an der Eger unterwegs. Dort werden heute und morgen vertriebene Sudetendeutsche mit Tschechen in ihrer Heimatstadt zusammentreffen. Den Hinweis auf diese Zusammenkunft hatte ich von dem Koautor unserer Filme, Ludek Pachmann, der heute von Prag aus zum Drehort anreist.

Den Wagen, in dem ich hinten neben meinen vielen Büchern und Unterlagen sitze, steuert Jiři Radek, der Tonkollege, der schon bei den Schlesienfilmen im letzten Jahr dabei war. Ich erinnere mich, wie ich ihm gegenüber damals meinen Wunsch geäußert hatte, der nächste Film möge Böhmen und Mähren zum Thema haben. Er selbst ist gebürtiger Tscheche, aber bereits seit vielen Jahren im Besitz der deutschen Staatsangehörigkeit. Nur wenige Wo-

Der Marktplatz in Kaaden mit der Pestsäule und der Stadtpfarrkirche

chen nach dem Schlesienfilm war ein Angebot vom tschechischen Fernsehen gekommen, das nach einem deutschen Koproduzenten für ein solches Projekt suchte. Ludek Pachmann, der Schachgroßmeister und Dissident, der 1972 von der damaligen kommunistischen Führung der Tschechoslowakei nach langjähriger Haft ausgebürgert worden war, hatte den Auftrag, im Namen von »Česka Televize« mit dem ZDF zu verhandeln.
Der Film, der gemeinsam vom tschechischen Fernsehen und von einer deutschen Anstalt gedreht werden sollte, trug den Arbeitstitel »Zeit zur Versöhnung«. Im offiziellen Papier hieß es dazu: »Dieser Film soll ein objektives Bild über die Beziehungen zwischen Deutschen und Tschechen – mit einem besonderen Schwerpunkt des ›sudetendeutschen Problems‹ – ermöglichen.«
Als ich das dreiseitige Treatment las, das Ludek Pachmann verfaßt hatte, war ich zur Zusammenarbeit entschlossen. Hier war die Geschichte unserer beiden Völker richtig erzählt und gewertet, waren die Fehler beider Staaten vorurteilsfrei dargestellt. Auch seine Schlußfolgerungen für die Gegenwart überzeugten mich. Hier bot sich eine Chance, mit einem gemeinsamen Film zur Verbesserung des Verhältnisses zwischen Tschechen und Deutschen beizutragen.

Wir fahren durchs Egerland, das bis zur Vertreibung seiner Bewohner in den Jahren 1945 und 1946 jahrhundertelang von Deutschen besiedelt war. Ich habe die Karte, die darüber Aufschluß gibt, vor mir und lese die alten Ortsnamen Falkenau, Karlsbad, Schlackenwerth, Klösterle an der Eger und Kaaden.

Um 16 Uhr sind wir wie verabredet in Kaaden, nachdem wir unterwegs in Karlsbad im Hotel Pupp für drei Übernachtungen eingecheckt haben. Wir treffen die ehemaligen Bewohner von Kaaden, die aus der bayerischen Gegend um Weißenburg angereist waren, und darüber hinaus einige Tschechen, die jetzt in der Stadt leben. Da das Wetter noch schön ist, beginnen wir nach kurzer Beratung unseren Außendreh.
Von der Brücke über die Eger aus gesehen, bietet sich uns ein beeindruckendes Panorama. Die alte, wehrhafte Stadt erhebt sich mit ihren Mauern, der Burg, dem Rathausturm und den beiden Kirchtürmen über dem Fluß. 1978 wurde der Ortskern unter Denkmalschutz gestellt, und 1996 wurde Kaaden von der Tschechischen Republik als »Stadt des Jahres« ausgezeichnet. Der Marktplatz ist fast vollständig restauriert. Die frischen Farben strahlen in der Sonne. Nur das Rathaus mit seinem weißen Turm ist noch hinter Gerüsten verborgen.
Wir nähern uns wieder der Geschichte, die so gar nicht zu dem sommerlich schönen Nachmittag passen will. Ich halte eine Skizze von den Ereignissen des 4. März 1919 in der Hand. Hier auf dem Marktplatz waren 20 Deutsche im Kugelhagel tschechischer Maschinengewehre tot zusammengebrochen. Die Sudetendeutschen hatten damals hier wie in anderen Orten für ihr Selbstbestimmungsrecht demonstriert, das den Worten des amerikanischen Präsidenten Wilson zufolge allen Volksgruppen zugebilligt werden müsse. Sie waren einem Aufruf des Konservativen Lodgman von Auen und des Sozialdemokraten Josef Seliger gefolgt.

Am Abend sitzen die ehemaligen Kaadener und die heutigen Bewohner der Stadt, Deutsche und Tschechen, im Klubhaus in der Nähe des Marktes bei einem bunten Abend zusammen. Es wird gegessen, getrunken und erzählt, später auch getanzt, als eine zünftige »böhmische« Blaskapelle hinzukommt, die ja eigentlich strenggenommen eine »egerländische« ist.
Unser Team sitzt mit dem Bürgermeister am Tisch, der den deutschklingenden Namen Müller trägt. Neben ihm der Vorsitzende des deutsch-tschechischen Freundschaftsvereins in Kaaden mit dem Namen Hauptmann, der ebenso deutsch spricht wie die Gymnasiallehrerin Jana Novosadova. Sie erzählt vom Schüleraustausch zwischen den Gymnasien im bayerischen Weißenburg und in Kaaden, der so positiv verläuft. Sie zeigt uns deutsche und tschechische Artikel, die darüber berichten, und erzählt von der Hermann-Gutmann-Stiftung, die Geld für den Austausch und den Sprachunterricht spendet. Später erfahre ich, daß hinter diesen Bemühungen vor allem der Idealismus und das Vermögen von Hans Novotny stehen, der aus Eger vertrieben wurde und von seiner Geburtsstadt 1995 sogar zum Ehrenbürger ernannt wurde. Ihm ist die Versöhnung zwischen Deutschen und Tschechen ein Herzensanliegen. Er kämpft um die Wiedergewinnung der »alten böhmischen Sache«, das bedeutet der kon-

Die Gräber der Toten vom März 1919 in Kaaden. Deutsche und Tschechen haben gemeinsam zur Erinnerung einen Kranz niedergelegt

Rechte Seite: Blick von der Petershöhe in Karlsbad auf die Stadt. Oben im Wald das Sanatorium und Hotel »Imperial«

fliktfreien und produktiven Zusammenarbeit zwischen Tschechen, Deutschen und Juden, die früher in Böhmen so fruchtbar war.
Frau Novosadova versucht uns davon zu überzeugen, daß wir unbedingt auch noch den Schüleraustausch drehen müßten und den »Kaisertag« am 7. September, der an die Regentschaft von Kaiser Karl IV. in Kaaden erinnert.

Am nächsten Morgen wird gemeinsam von Deutschen und Tschechen der Toten gedacht. An den zahlreichen Holzkreuzen auf den Gräbern der Gefallenen vom März 1919 wird ein großer Kranz niedergelegt. Gedenkreden werden gehalten, die nicht nur an die Vergangenheit erinnern, sondern auch den Blick in die Zukunft der beiden Völker richten.
Herr Hauptmann ergreift als erster das Wort und beginnt für die tschechische Seite:
»Die tragischen Ereignisse vom März 1919 sind ein schwarzer Fleck in der Geschichte Kaadens. Leider haben sowohl das tschechische als auch das deutsche Volk daraus nichts gelernt, und so hoffe ich, daß das gegenwärtige Kaaden in eine Zukunft blicken wird, in der sich das tschechische und deutsche Volk einander annähern, damit der tragische Tod derer, die 1919 ums Leben gekommen sind, als Warnung dient, auf daß eine solche Tragödie nicht noch einmal geschehe. Ich glaube, daß das tschechische und das deutsche Volk wieder einen Weg zur reichen gemeinsamen Vergangenheit finden werden.«
Der Vorsitzende des Kaadener Heimatvereins Franz Hopp erinnert vor den Gräbern an die Vertreibung der Deutschen vor 50 Jahren. Dann erzählt er von den Verbindungen zur alten Heimat. »Das Interesse an unserer Heimat, die wir seit 20 Jahren ohne Schwierigkeiten regelmäßig und gern besuchen, ist von einer großen Liebe zu dieser Heimat bestimmt.« Er erwähnt die vielen positiven Begegnungen mit den Tschechen in den Heimatgemeinden und den großen Erfolg des Schüleraustausches.

Als wir von einem Abstecher nach Joachimsthal im Erzgebirge in unser Hotel zurückkehren, finde ich an der Rezeption ein Fax vom tschechischen Fernsehen vor, in dem Ludek Pachmann seltsamerweise nun als deutscher Autor bezeichnet wird. Es ginge nicht an, so die Meinung aus Prag, daß zwei Deutsche das Sagen bei den Filmen hätten. Wir sind wie erstarrt. Vor allem Ludek Pachmann. »Das ist ja schon wieder eine Ausbürgerung für mich!« empört er sich.
Ich weiß freilich, daß mein tschechischer Kollege auch die deutsche Staatsangehörigkeit besitzt. Aber das war dem Redakteur in Prag schon bekannt, als er ihn auf die Suche nach einem deutschen Koproduzenten schickte. »Ich brauche einen tschechischen Koautor und keinen deutschen«, sage ich, »was hätte sonst die ganze Zusammenarbeit für einen Sinn? Ich glaube jetzt wirklich, das tschechische Fernsehen will das gemeinsame Unternehmen scheitern lassen!«
»Das denke ich schon lange, aber jetzt haben wir wohl den Beweis«, erwidert Pachmann.
Ich muß daran denken, wie in den letzten Wochen die Verhandlungen für einen Kooperationsvertrag zwischen dem tschechischen Fernsehen und dem ZDF immer schwieriger geworden waren. Schuld daran trug sicher die veränderte politische Lage in Tschechien. Der gebildete und liberale Redakteur, der anfänglich so aufgeschlossen war, mußte einem immensen Druck von außen ausgesetzt sein. Anders kann ich mir sein verändertes Verhalten nicht erklären.

»Was machen Sie jetzt auf ZDF-Seite?« fragt mich Pachmann. »Werden Sie mich fallenlassen und sich einen ›richtigen‹ Tschechen suchen?«
»Das könnte denen so passen!« antworte ich. »Ich kann zwar verstehen, daß Sie der tschechischen Seite wegen der veränderten politischen Lage zumal nach der letzten Wahl als Koautor mit Ihrer Liebe zur Wahrheit sehr unangenehm sind, deshalb will man sie wieder loswerden. Aber ich will keinen anderen tschechischen Koautor. Ich habe nur Freude an einem Film, der ungefiltert und richtig die Geschichte darstellt. Die letzten Gutachten von tschechischer Seite haben mich wirklich erschreckt. Nein, wir machen unseren Film als Koautoren zusammen – dann eben als reine ZDF-Produktion ohne die Beteiligung des tschechischen Fernsehens.«
Noch bevor wir am nächsten Morgen zum Drehen in das sonnendurchflutete Karlsbad aufbrechen, schicke ich ein Fax nach Prag, in dem ich mein Unverständnis über die Haltung und die veränderte Geschäftsgrundlage ausdrücke. Ich hatte mich auf eine gute Zusammenarbeit mit dem tschechischen Fernsehen im Interesse beider Sender und unserer Völker gefreut. Schade, daß sie nun scheitert. Aber irgendwie war ich gleichzeitig über diese Entwicklung erleichtert. Vor allem wollte ich mit den Filmen der Wahrheit dienen und keine Kompromisse wegen einer vordergründigen Zusammenarbeit machen.

Straßenszene in Karlsbad. Links der Schloßturm der Burg Kaiser Karls IV.

Rund 65 000 Einwohner hat Karlsbad heute. Neben Marienbad und Franzensbad ist es der bekannteste Kurort im westböhmischen Bäderdreieck. Seine Geschichte begann mit Kaiser Karl IV., der dem Bad auch seinen Namen gab. Goethe hatte Karlsbad dreizehnmal einen Besuch abgestattet und schrieb an Wilhelm von Humboldt: »Weimar, Karlsbad und Rom sind die einzigen Orte, wo ich leben möchte.« Eine eindeutige Liebeserklärung an den Ort. Zaren, Kaiser und Könige verwandelten das Kurbad im Sommer in einen exquisiten Salon, und nicht zuletzt wurde hier Geschichte geschrieben. 1819 gab es die sogenannten »Karlsbader Beschlüsse« des österreichischen Staatskanzlers Fürst Metternich, die die neugegründete Deutsche Burschenschaft verboten. Ihre Mitglieder wurden verfolgt und eingekerkert, ihre Schriften einer strengen Zensur ausgesetzt.
Die Lage des Ortes mit seinen prächtigen Bauten, im Flußbett der sich krümmenden Tepl eingebettet, ist einmalig. Vom Grandhotel Pupp, in dem wir zu günstigen Sonderpreisen wohnen, ist es nicht weit zum berühmten Großen Sprudel, der in einer Glashalle als Fontäne in die Höhe schießt. Nach dem alten Schloßturm, der zur Burg Kaiser Karls IV. gehörte, folgt zur Rechten die lange Mühlbrunnkolonnade. Sie bildet mit dem Platz davor den belebten Mittelpunkt des Badeortes, in dem es zahlreiche Quellen und allein fünf große Bäder gibt.
Als wir unsere Kamera aufstellen, bemerken wir die vielen Sprachen, die

hier gesprochen werden. Am auffälligsten sind Russisch, Italienisch, Israelisch und Deutsch. Männer mit schweren goldenen Armbanduhren und schmucküberladene Frauen gehen mit ihren goldverzierten Schnabelkännchen, aus den sie das heilende Quellwasser trinken, über den Platz. Daneben sieht man auch schlicht gekleidete Menschen. Ein älterer Russe mit einem sichtlich abgearbeiteten, kränklichen Gesicht verrät uns in einem Gespräch, daß er viele Jahre gespart hat, um sich hier in Karlsbad eine Kur zu leisten, von der er sich nun Heilung erhofft.

Abgesehen von dem Sprachengewirr auf den Straßen fällt uns auf, daß die Schilder und Speisekarten in drei Sprachen verfaßt sind: Tschechisch, Russisch und Deutsch. In manchen Geschäften wird Russisch als erste Sprache geführt. Auch das größte Hotel im Ort, das auf der Höhe gelegene Imperial, ist fest in russischer Hand. Mit 320 Zimmern soll es noch heute das größte Hotel Mitteleuropas sein.

Am Abend sitzt das Team zusammen im »Schwejk«, einem originellen Lokal, dem Namensgeber jedenfalls angemessen. Zu unserer Gruppe ist der Chefredakteur des in deutscher Sprache erscheinenden *Prager Wochenblatts,* Felix Seebauer, gestoßen, ein 1921 in Brünn geborener Deutscher, der von den Nazis wegen Vorbereitung zum Hochverrat verurteilt worden war und bis Mai 1945 eine Haftstrafe verbüßte. Unser Gespräch wendet sich bald dem Fax des tschechischen Fernsehens zu. Die verschiedenen Meinungen werden nochmals ausgetauscht.

»Daß die Prager den Pachmann nicht mehr als tschechischen Koautor akzeptieren wollen, ist doch klar«, sagt Felix Seebauer in seiner österreichisch gefärbten Brünner Sprache. »Der Pachmann kämpft ja für die Wahrheit, und die ist lästig.«

Die Mühlbrunnkolonnade in Karlsbad

Folgende Doppelseite: Die Burg Elbogen bei Karlsbad

Der Marktplatz in Eger

»Und warum haben sie dann mit ihm angefangen?« frage ich. »Sie haben ihm doch selbst den Auftrag gegeben und sein Konzept gebilligt und sogar unterschrieben?«

»Das war vor einem Jahr. Inzwischen hat sich die Lage zum Schlechteren verändert«, erläutert Seebauer. »Die Politiker reden der Bevölkerung wieder mehr nach dem Munde. Sie kennen doch die Ergebnisse der Meinungsumfrage. Zwei Drittel der Tschechen billigt die Vertreibung der Deutschen, die gleiche Zahl ist gegen jeden Dialog mit den Sudetendeutschen.«

»Ich weiß, aber gerade das wollten wir doch durch vernünftige Filme mit dem tschechischen Fernsehen, die aufklären sollen, ändern.«

»Das war unsere schöne Zielsetzung«, ergänzt Pachmann, »die kommunistische, verlogene Propaganda, die noch heute in den Köpfen vieler Tschechen spukt, zu widerlegen.«

Wir reden über Volkspsychologie. Über das Verhältnis von kleinen Völkern, die von großen Völkern umgeben sind, wie die Tschechen von den Deutschen.

»Sie haben eine diffuse Angst vor der Wiederkehr der Deutschen«, erklärt Felix Seebauer. »Aus einer Umfrage der Außenstelle der Friedrich-Naumann-Stiftung in Tschechien geht hervor, daß 37 Prozent der Befragten fürchten, daß es den Sudetendeutschen – es klingt unglaublich – auch heute noch um den Anschluß der Grenzgebiete an Deutschland geht.«

»Absolut verrückt«, sage ich entsetzt, der ich von dieser Meinungsumfrage bisher noch nichts gehört hatte. »Woher haben die Tschechen diese Meinung? Wer erzählt ihnen denn solch einen Unsinn?«

Wir sprechen über die Aufgabe der Medien, die hier gar nicht oder zuwenig von den Journalisten wahrgenommen wird, und tauschen uns über die Rolle der Politiker in diesen Fragen aus.
»Wie kann man denn die Denkweise der Tschechen gegenüber den Deutschen ändern?« frage ich meine Kollegen, die sich ja bis auf den jungen Kameraassistenten alle gut in diesem Land auskennen.
»Die Wahrheit muß weiter verbreitet werden«, ist ihre übereinstimmende Antwort. »Die Mythen und Lügen müssen verschwinden.« – »Die Politiker müssen mutiger werden, sie müssen aufhören, ihren Landsleuten nach dem Munde zu reden.«

Wir sind in Elbogen, einem kleinen Städtchen auf einem Bergkegel, das tschechisch Loket heißt und im Besitz einer langgestreckten Burg ist. Die Eger beschreibt hier eine große Schleife, auf die der Name des Ortes zurückgeht. Goethe hatte Elbogen zu Recht »ein landschaftliches Kunstwerk« genannt. Wenn er Karlsbad oder Marienbad besuchte, hielt er sich meist auch einige Tage in diesem Städtchen auf. So feierte er 1823 mit seiner jungen Verehrerin Ulrike von Levetzow hier seinen vierundsiebzigsten Geburtstag. Eine Gedenktafel am Gasthof »Zum weißen Roß« erinnert an Goethes Aufenthalte in Elbogen.

Auf der Rückreise nach Deutschland machen wir mittags Station in der Stadt Eger. Die heute tschechische Kreisstadt Cheb, die nur zehn Kilometer von der Grenze entfernt liegt, hat 30 000 Einwohner. Der mittelalterliche Stadtkern ist sehr beeindruckend. Der weitläufige Marktplatz ist von Häusern aus verschiedenen Epochen umgeben, von denen besonders das barocke Rathaus mit dem viereckigen Turm hervorsticht.

Reste der staufischen Kaiserpfalz in Eger

In dieser Stadt wurde der große Barock-Baumeister Balthasar Neumann geboren und der berühmte Heerführer des Dreißigjährigen Krieges Albrecht von Wallenstein ermordet. Friedrich Schiller arbeitete hier 1791 an seiner »Wallenstein-Trilogie«.

Vom nördlichen Teil des Marktplatzes mit der berühmten Häusergruppe »Stöckl« aus gehen wir an der Dominikanerkirche vorbei zur Kaiserpfalz. Friedrich I. Barbarossa ließ hier um 1170 die ältere Burganlage zu einer kaiserlichen Pfalz ausbauen. Von dem einst mächtigen Palast mit dem 25 Meter langen und 13 Meter breiten Bankettsaal sind heute nur noch die Mauern mit den romanischen Rundbogenfenstern erhalten.

Kaiser Barbarossa, sein Sohn Heinrich VI. und sein Enkel Friedrich II. hielten in dieser Pfalz mehrfach ihre Hoftage ab. Erst 1322 fiel die Reichsstadt mit dem Egerland an die böhmische Krone. Aber auch danach behielt sie eine gewisse Selbständigkeit bis zum Dreißigjährigen Krieg, der mit der Ermordung Wallensteins am 25. Februar 1634 hier in Eger eine so schicksalhafte Wendung nahm.

Der Auftraggeber für den Mord an Wallenstein war Kaiser Ferdinand II. Bis heute ist jedoch nicht geklärt, ob der erfolgreichste Heerführer des Krieges tatsächlich einen Staatsstreich gegen den Kaiser im Sinn gehabt hatte, wie dieser vermutete.

Die viertägige Tour, die nun zu Ende ging, war ein aufschlußreicher Auftakt für die großen Drehreisen im August und September. Ich hatte erlebt, wie sich Deutsche und Tschechen in Kaaden offen und freundschaftlich begegneten. Aber ich hatte auch erfahren, wie das Denken der Tschechen, die bisher keine Berührungspunkte mit den Nachbarn haben, von falschen Urteilen geprägt und belastet ist.

Das Egerland, das ich in weiten Teilen gesehen hatte, ist ein schönes Stück Erde, eine liebliche Landschaft mit imposanten Städten und einem Kurort von Weltrang wie Karlsbad. Die Dörfer freilich sind meist ärmlich und bisweilen in einem traurigen Zustand.

BÖHMEN

Große Reise im August und September 1996

Es ist der 21. August 1996. Wir sind mit unserem Team in Prag und beginnen heute den ersten längeren Dreh. Es ist ein sonniger, warmer Tag. Drei Wochen werden wir in Böhmen filmen, Mähren soll ab Mitte September folgen.
Weil der Morgen gute Sicht bietet, sind wir zu einem beliebten Aussichtspunkt der Prager gefahren: zum Hanavsky-Pavillon. Dieses fröhliche, in seinen frischen Farben leuchtende Gebäude, das um die Jahrhundertwende entstanden ist, wird als Restaurant genutzt. Von hier oben können wir die gesamte Altstadt links der Moldau überblicken, über die sich fünf Brücken mit zahlreichen Bögen spannen. Die zweite ist die berühmte Karlsbrücke mit ihren steinernen Figuren. Sie ist sehr belebt und wird von Touristen genutzt, die dem alten Königsweg zwischen dem Altstädter Ring und dem Hradschin, der Burg auf der sogenannten Kleinseite, folgen.
Prag mit seiner großen Geschichte und dem von den Kriegen verschont gebliebenen historischen Stadtkern zählt heute 1,2 Millionen Einwohner. Die Großstadt, die zugleich Hauptstadt von Tschechien und Verwaltungszentrum von Mittelböhmen ist, erstreckt sich mittlerweile über eine Fläche von 500 Quadratkilometern. Zahlreiche Vororte wurden in jüngster Zeit eingemeindet.
Dichter und Denker haben dieser Stadt immer wieder besondere Namen gegeben: Sie schwärmten von ihr als dem »steinernen Geschichtsbuch«, vom »hunderttürmigen Prag« oder dem »böhmischen Rom«. Clemens Brentano prägte als erster die Bezeichnung »goldene Stadt« in seinem Gedicht »Libussas Prophezeiung«. Bert Brecht, der wie so viele andere Fremde von Prag fasziniert war, widmete ihr das Gedicht »Am Grund der Moldau ...«:

»Am Grunde der Moldau wandern die Steine.
Es liegen drei Kaiser begraben in Prag.
Das Große bleibt groß nicht und klein nicht das Kleine.
Die Nacht hat zwölf Stunden, dann kommt schon der Tag.

Hanavsky-Pavillon auf der Höhe des Letna-Parks in Prag

Folgende Doppelseite: Blick von der Letna-Höhe auf die Brücken der Moldau

Die Altneu-synagoge im ehemaligen Ghetto von Prag

Es wechseln die Zeiten. Die riesigen
Pläne
Der Mächtigen kommen am Ende zum
Halt.
Und gehn sie einher auch wie blutige
Hähne
Es wechseln die Zeiten, da hilft kein
Gewalt.«

Eine dichterische Umschreibung der ewigen Faszination von Geschichte, vom Auf und Ab bei Mensch und Natur. Prag, die Stadt, die sich mit ihrem Reichtum den Besuchern zu offenbaren scheint und doch ein Geheimnis behält. Um die Gründung von Prag rankt sich eine Legende. Um 700 prophezeite die sagenhafte Richterin Libussa das Werden einer großen Stadt: »Ich sehe eine große Stadt, deren Ruhm bis zu den Sternen aufsteigen wird. Dort im Wald ist eine Stelle, meilenweit von uns entfernt, der Fluß Moldau umfließt sie ... Wenn ihr hinkommt, werdet ihr einen Menschen in der Mitte des Waldes finden, der gerade die Türschelle (tschechisch: prah) seines Hauses meißelt. Und ihr werdet die Burg, die ihr bauen werdet, Praha (Prag) nennen.«
In Clemens Brentanos Gedicht »Libussas Prophezeiung« beschreibt die letzte Strophe die Vollendung:

»Sieh! auf dem Schloß erglänzet eine
Krone,
Und, wie ein Königsmantel weit,
ergießt
Die goldne Stadt sich von des Berges
Throne;
Um ihn, als ein gestirnter Gürtel,
fließt
Die Moldau ernst, und Heil der
Nachwelt Sohne!
Der mit der Brücke Demantschloß ihn
schließt.
Durch Siegesbogen lobsingt laut die
Welle:
Prag, Prag, du meines Heils umpalmte
Schwelle!«

Libussa, von der Bedeutung ihres Stammes überzeugt, erwählte selbst ihren Mann, einen einfachen Bauern mit dem Namen Přemysl, der dem nachwachsenden Geschlecht, den Přemysliden, den Namen gab. Er gründete auf dem von ihr bezeichneten Felsen, dem späteren Vysehrad, die Keimzelle der Stadt Prag. Die Kirche, die im letzten Jahrhundert dort an diesem geschichtsträchtigen Platz errichtet wurde, können wir von unserem Aussichtspunkt trotz der Entfernung gut erkennen.

Wir fahren hinunter in die Altstadt. Parken unsere Fahrzeuge in der Tiefgarage des Hotels Intercontinental – ein Geheimtip unserer beiden Kollegen, die

sich in ihrer Heimatstadt auskennen. Von hier sind die wichtigsten Punkte der Altstadt zu Fuß zu erreichen.
Wir beginnen unsere Aufnahmen im alten Jüdischen Ghetto. Die sogenannte Altneusynagoge ist die älteste erhalten gebliebene Synagoge Europas und zugleich eines der ersten frühgotischen Bauwerke in Prag. Neben ihr steht das Jüdische Rathaus mit der hebräischen Uhr an der Front, die linksherum geht. Seit mehr als tausend Jahren leben Juden in Prag. 1389 forderte das größte Judenpogrom in der Stadt mehr als 4000 Tote. Um die Jahrhundertwende wurde das ehemalige Ghetto abgerissen. Erhalten blieben das Rathaus, sechs Synagogen und ein Teil des Friedhofs, der heute zu den wichtigsten Sehenswürdigkeiten Prags gehört. 100 000 Juden wurden hier im Laufe der Jahrhunderte bestattet, 11 000 Grabsteine erinnern noch heute an die Toten, die übereinander beerdigt wurden.
Das bekannteste Denkmal gehört Jehuda ben Bezalel, dem »Hohen Rabbi Löw«, der 1609 gestorben ist. Mit dem Rabbi verbindet sich die Sage vom »Golem«, einer menschenähnlichen Figur. Rabbi Löw soll sie aus Lehm geformt und mit einer kabbalistischen Formel zum Leben erweckt haben. Der Golem soll seinem Schöpfer gedient haben, bis der ihn wieder einschläferte, nachdem er seinem Herrn gegenüber aufsässig geworden war und sein Haus verwüstet hatte. Noch heute hält sich der Golem der Überlieferung nach unter dem Dach der Altneusynagoge auf. Ähnlich wie die Schlesier ihrem Berggeist Rübezahl wollen auch viele Prager zu allen Zeiten dem Golem begegnet sein. Realität oder Traum – in der Geschichte dieser Stadt verschwimmen die Grenzen. Rabbi Löw soll noch immer unter seinem Grabstein in alten Büchern studieren und über Leben und Tod nachdenken. Und Wünsche, die an seinem Grab geäußert oder niedergeschrieben auf den Stein gelegt werden, sollen noch immer in Erfüllung gehen.
Auf dem Weg zum Altstädter Ring sehen wir am Neuen Rathaus eine monumentale Statue des Rabbi Löw, der so

Der alte Jüdische Friedhof im Ghetto. Rechts das Grabmal des Rabbi Löw und seiner Gattin

Oben:
Das Neue Rathaus von Prag aus dem Jahre 1911 mit seinen überlebensgroßen Skulpturen

Rechts:
Die Statue des Rabbi Löw am Neuen Rathaus erinnert an die Sage von seinem Kampf mit dem Todesengel

weise und vital war, daß der Tod zu ihm nur mit einer List kommen konnte: in einer Rose verborgen, die ihm noch dazu ein schönes Mädchen überreichen mußte. Heute zählt die praktizierende jüdische Gemeinde von Prag nur noch rund tausend Mitglieder. Ein erschreckendes Ergebnis des Holocausts im NS-Reich. Viele von denen, die die Hölle überlebt hatten, wanderten später aus.

Wir sind auf dem Altstädter Ring, dem pulsierenden Herzen von Prag. Trauben von Menschen, Reiseführerinnen und Reiseführer, die ihren Zuhörern in den unterschiedlichsten Sprachen die wichtigsten historischen Zusammenhänge erklären. Straßenverkäufer, die laut ihre Waren anpreisen. Es riecht nach Pferden, die, in Fiaker gespannt, die zahlende Kundschaft durch die Gassen der Stadt ziehen.

Oben:
Die Ostseite des Altstädter Rings.
Ganz links das Kinsky-Palais

Links außen:
Das Haus zur steinernen Glocke und die Teynkirche, die die Teynschule überragt

Links:
Gassenblick auf den Turm der St.-Jakob-Kirche

Linke Seite:
Das Altstädter Rathaus

Oben links:
Die astronomische Uhr am Altstädter Rathaus

Oben rechts:
Ein Renaissancefenster am Altstädter Rathaus

Links:
Die Marienkapelle am Altstädter Rathaus

Folgende Doppelseite:
Die St.-Niklas-Kirche auf dem Altstädter Ring

KOLONADA
DON

Das Jan-Hus-Denkmal auf dem Altstädter Ring

Hoch über dem weitläufigen Platz und den meist zweigeschossigen Häusern, die ihn im Viereck umstehen, ragen die Türme der Teynkirche, der Sankt-Niklas-Kirche und der Rathausturm empor. Wohin zuerst schauen bei dieser Fülle der Bauten und ihrer Formen? Dieser Platz, so meine ich, zählt zu Recht zu den schönsten in Europa.

Vor dem Rathaus mit seiner astronomischen Uhr stehen die Menschen dicht gedrängt. Zu jeder Stunde beginnt hier das berühmte Spiel der Figuren, die sich in den Fenstern zeigen. Der Tod wird durch die Sanduhr dargestellt, dem Symbol der Vergänglichkeit. Dann ziehen die zwölf Apostel an den beiden schmalen Fenstern vorüber, und zum Schluß des mittelalterlichen Spektakels ertönen die Schläge der jeweiligen Stunde.

Unter dem filigranen gotischen Marienerker des Rathausturmes erinnert eine Tafel an das Prager Blutgericht, das sich hier am 21. Juni 1621 ereignet hat. Nach der Schlacht am Weißen Berge, die die Böhmen gegen den katholischen Habsburger Kaiser verloren hatten, wurden 17 Tschechen und zehn Deutsche, in der überwiegenden Zahl Protestanten, als »Aufrührer« hingerichtet. Die Art und Weise, wie sie den Tod fanden und wie ihre Leichen zur Schau gestellt wurden, fielen dabei unterschiedlich aus. Auf einem Stich, der das grausame Geschehen beschreibt, heißt es zum Beispiel über das Ende des Rektors der Karlsuniversität: »Doctor Johann Jessenius geweßter Professor / des Collegii Carolini ist erstlich die Zungen außgerissen / hernach der Kopf abgehawt. Nachmals geviertheilt / und die Viertel an der

Oben links:
Die Bethlehemskapelle

Oben rechts:
Straßennamen aus alter und neuer Zeit am Klementinum

Links:
Die westliche Außenfront des Klementinums

Folgende Doppelseite:
Blick über die Moldau auf den Hradschin mit der Karlsbrücke im Vordergrund

Der Altstädter Brückenturm

Wiener Strassen / neben dem Rabenstein auffgeheckt worden.« An die Opfer erinnern das ins Straßenpflaster eingemeißelte Datum »21. Juni 1621« und 27 Kreuze.
Am Altstädter Ring spielte sich jene makabere Szene ab, die die Beziehung der Tschechen zur Römischen Kirche, zum Haus Habsburg und zu Wien in emotionaler, politischer und religiöser Hinsicht mit einer bis auf den heutigen Tag wirksamen Hypothek belegt. Die Schlacht am Weißen Berge, die das Ende der Selbständigkeit Böhmens bedeutete, wurde zum Trauma vor allem der Tschechen. Die Prager Universität wird den Jesuiten übergeben, die die Gegenreformation durchsetzen sollen. Die Protestanten verlassen das Land, in dem ihnen die Ausübung ihrer Religionsauffassung verwehrt ist.

An die große Persönlichkeit der böhmischen Geschichte erinnert das Jan-Hus-Denkmal auf der Ostseite des Platzes. Es wurde 1915 zum fünfhundertsten Todestag des tschechischen Reformators und Nationalheroen eingeweiht, der eines gewaltsamen Todes sterben mußte, als er in Konstanz als sogenannter Ketzer verbrannt wurde.
Hier über den Altstädter Ring führte der alte Königsweg hoch zur Burg, dem wir jetzt ebenfalls folgen wollen. Vorher aber machen wir noch einen Abstecher zur Bethlehemskapelle. Hier war die Gemeinde von Johannes Hus seinerzeit zusammengeströmt, um seine flammenden Reden zu hören, in denen er den Machtmißbrauch des hohen Klerus und sein Luxusleben anprangerte. Den Inhalt seiner Lehren erläuterte der Reformator mit Schaubildern an den Wänden der Kirche, die durch ihre enorme Größe nichts mit der gewohnten Bezeichnung einer Kapelle gemein hatte. 3000 Zuhörer konnten hier Platz finden.

Zurück zur Karlowastraße. Vorbei am sogenannten Klementinum, dem zweitgrößten Gebäudekomplex nach der Prager Burg, das mehrere Kirchen beherbergt. Einst war es ein Jesuitenkolleg und das geistige Zentrum der Gegenreformation. Heute sind hier die Tschechische Nationalbibliothek, die Universitätsbibliothek, die Bibliothek der Technischen Hochschule und die Slawische Bibliothek untergebracht, Millionen von Büchern und Handschriften. Die Salvatorkirche des Klementinums grenzt an den Kreuzherrenplatz, einem der reizvollsten Plätze Prags. Zwischen der St.-Franziskus-Kirche und dem Altstädter Brückenturm eröffnet sich

der herrliche Blick über die Karlsbrücke und die Moldau hoch zum Hradschin mit dem alles überragenden Sankt-Veits-Dom.
Der Altstädter Brückenturm, von dem man sagt, er sei der schönste und künstlerisch wertvollste Turm Europas, wurde Ende des 14. Jahrhunderts nach einem Entwurf von Peter Parler erbaut, dem großen Meister aus Schwäbisch-Gmünd, den Kaiser Karl IV. nach Prag geholt hatte. Wuchtig und elegant zugleich steht der Torturm am Anfang der Brücke, von besonderer Schönheit ist sein filigraner Fassadenschmuck. Unter den beiden böhmischen Landespatronen Adalbert und Prokop thronen Karl IV. und sein Sohn und Nachfolger Wenzel IV. Zwischen ihnen steht der Heilige Veit auf einem Pfeiler der stilisierten Karlsbrücke.
Die steinerne Abbildung von Karl IV., dem bedeutendsten Kaiser des Spätmittelalters, erscheint dem Besucher wie eine persönliche Begrüßung und wie ein deutlicher Hinweis darauf, wem die Pracht von Prag zu verdanken ist. Keiner der böhmischen Herrscher vor oder nach ihm hat Prag solchen Ruhm verschafft wie Karl IV. Der herausragende Herrscher, der am 14. Mai 1316 in Prag als Sohn von Johann von Luxemburg und der letzten Přemyslidin Elisabeth geboren wurde, machte die Stadt innerhalb weniger Jahrzehnte zu einem bedeutenden Zentrum der europäischen Politik und einem Hort von Kunst und Bildung. Keine der nördlich der Alpen gelegenen Städte, mit Ausnahme von Paris, konnte an die Pracht des damaligen Prags heranreichen.
Kaiser Karl IV. hatte seine Erziehung und Bildung vor allem am französischen Königshof erhalten, wohin er im Alter von sieben Jahren von seinem Vater geschickt worden war. Dort bekam

Kaiser Karl IV. (links) und sein Sohn Wenzel IV. (rechts) mit dem Heiligen Veit (Mitte) am Altstädter Brückenturm

Auf der Karlsbrücke

der Sohn, der auf den Namen Wenzel getauft war, auch seinen neuen Namen: Karl. Erst elf Jahre später kehrte er in seine Geburtsstadt Prag zurück.

In seiner selbst verfaßten Vita beschreibt der Kaiser später die Situation, die er bei seiner Rückkehr vorfand: »Und als wir nach Böhmen kamen, fanden wir weder unseren Vater, noch unsere Mutter, noch unseren Bruder, noch unsere Schwester, noch irgendeinen Bekannten. Die tschechische Sprache haben wir auch vergessen, die wir wieder neu erlernen mußten, damit wir sie genauso verstehen und sprechen konnten, wie jeder andere Tscheche. Durch Gottes Gnaden waren wir imstande zu sprechen, schreiben und zu lesen nicht nur tschechisch, sondern auch französisch, italienisch, deutsch und lateinisch, und wir waren dieser Sprachen einer wie der anderen gleich mächtig... Zu dieser Zeit zog unser Vater in die luxemburgische Grafschaft wegen irgendeines Krieges, und hat seine Macht an uns während seiner Abwesenheit übertragen.«

Die besondere Leistung Karls IV. macht die bedrückende Lage in Böhmen deutlich, die er bei seiner Ankunft vorfand: »Und wir fanden das Königreich so verlassen, daß nicht eine einzige Burg frei war, also hatten wir keine andere Wohnmöglichkeit als in einem Stadthaus, und dort wohnten wir wie jeder andere Bürger. Und die Prager Burg war verdorben, verfallen und demoliert, wie sie seit der Zeit von Přemysl Otakar nie so in den Boden versunken war.«

Dann aber schildert er den Aufschwung, den er der Stadt und dem Land verschaffte: »Deshalb haben wir befohlen, den Palast mit großem Aufwand groß und herrlich neu aufzubauen, wie er sich dem heutigen Betrachter darbietet... Und als die Gemeinschaft der Ehrenmänner aus Böhmen sah, daß wir aus einem alten böhmischen Königsgeschlecht stammen, halfen sie uns, weil sie uns liebten, damit wir wieder unsere Burgen und königlichen Waren bekamen. Und wir hatten viele edle Diener und das Königreich blühte von Tag zu Tag mehr und die Gemeinschaft der Guten liebte uns und die Bösen, da sie Angst hatten, taten nichts Böses und es war genug Gerechtigkeit im Königreich... Und so übten wir die Herrschaft über ein Land aus, dem es von Tag zu Tag besser ging.«

Am 11. Juli 1346 wurde Karl in Rhens am Rhein zum König des Heiligen Römischen Reiches gewählt und noch im selben Jahr nach dem Tode seines Vaters in Aachen gekrönt. 1347 erfolgte die Krönung zum Böhmischen König, und 1355 wurde Karl IV. in Rom von Papst Innozenz VI. zum Römischen Kaiser gekrönt. Mit der Kaiserwürde ausgestattet, verfolgte Karl das Ziel, die gewachsene Bedeutung des Königreiches Böhmen zu einem neuen politischen Zentrum des Heiligen Römischen Reiches auch rechtlich zu verankern. Mit seiner »Goldenen Bulle« schuf er 1356 das wichtigste Verfassungsgesetz des Reiches, das bis zu seinem Untergang 1806 Gültigkeit behalten sollte. Es bestätigte die sieben Kurfürsten als Wähler des deutschen Königs. Dem böhmischen König verschaffte es den ersten Rang unter den Kurfürsten und legte die Erbfolge in der weiblichen Linie fest.

Von kriegerischen Auseinandersetzungen hielt der Kaiser sich fern. Er widmete sich lieber seinen Leidenschaften wie der Baukunst. 1357 beauftragte er Peter Parler mit dem Bau einer neuen Steinbrücke, die ein geniales Werk wurde, das noch heute mit seinen Maßen und seiner Schönheit fasziniert. Auf 516 Meter Länge überspannt sie mit 16 Bögen die Moldau. Ihre Breite von zehn Metern ist für die damalige Zeit außergewöhnlich. Ungewöhnlich und neu war auch der Mörtel, den der damals erst 27jährige Baumeister für die Brücke entwickelte: eine Mischung aus Kalk, Wein und Eiern. Da alle Hühner Prags den Bedarf nicht decken konnten, befahl der Kaiser den Gemeinden des Königreiches, ihren Teil beizutragen. So rollten aus allen Teilen des Landes die Fuhrwerke in die Hauptstadt, und – so erzählt man später – eine Gemeinde hatte, um ihre Fracht ganz sicher ans Ziel zu bringen, die Eier vorher gekocht, was den Baumeister zu einem Wutausbruch veranlaßte.

Heute herrscht auf der Brücke, die nur noch Fußgängern vorbehalten ist, internationales Treiben. Musikkapellen spielen, Künstler bieten ihre fertigen Werke

Das Kruzifix von 1629 auf der Karlsbrücke

Rechte Seite: Die Rolandsäule neben der Karlsbrücke

an oder porträtieren Passanten, die dafür bezahlen. Touristen lassen sich vor den vielen Figuren aus Sandstein, die beide Seiten der Brücke säumen, fotografieren.
15 Statuen oder Gruppen von Figuren stehen links und rechts auf der Brücke. Die älteste ist das »Kruzifix« von 1629, das an einer Ausbuchtung der Brückenbrüstung steht. Von hier ist der Blick auf die Burg besonders schön. Wir beschließen, an dieser Stelle den sogenannten Aufsager für unseren Film, die gemeinsame Begrüßung der Zuschauer durch die beiden Autoren, zu drehen. Der Kameramann bittet Ludek Pachmann und mich, heute schon einmal Probe dafür zu stehen, um den Platz zu testen.
Es folgen auf der rechten Seite die Heilige Anna, die Mutter Marias mit dem Jesuskind auf dem Arm, dann die Slawenapostel Kyrill und Method, die die Slawen im Großmährischen Reich im 9. Jahrhundert getauft und das slawische Alphabet geschaffen hatten, und dann nach vier weiteren Heiligen als die wichtigste und bekannteste Brückenfigur: der Heilige Johannes von Nepomuk. Er ist der Stammvater unzähliger Nachbildungen, der Inbegriff eines Brückenheiligen.
Um die Böhmen von ihrer beharrlichen Verehrung des Johannes Hus abzubringen, hatten die Jesuiten eine Legende ausgegraben. Ihr zufolge war Johannes von Nepomuk 1393 auf Befehl von König Wenzel IV. in der Moldau unter der Karlsbrücke ertränkt worden, weil er das Beichtgeheimnis der Ehefrau des Königs nicht preisgeben wollte. Er wurde zum Märtyrer, wodurch die Jesuiten einen Heiligen hatten, den sie aus Gründen der Gegenreformation brauchten.
Heute sind fast alle Figuren auf der Brücke kohlrabenschwarz. Der Grund ist nicht, daß die Heiligen verborgene Sünden zu verantworten gehabt hätten, sondern er liegt vielmehr in der Luftverschmutzung Prags. Tschechien gehört heute zu den Ländern mit dem höchsten Schadstoffausstoß. Verursacher sind nicht nur die Industrie und die Kraftwerke, sondern auch die privaten Haushalte, in denen die gleiche minderwertige und schadstoffreiche nordböhmische Braunkohle verfeuert wird. Ebenso wie die Luft ist auch das Wasser der Moldau durch Umweltbelastungen extrem verunreinigt. Das diesbezügliche Erbe der kommunistischen Ära wiegt schwer. Die Schönheit der historischen Gebäude Prags gegen die Bedrohung durch Umweltgifte zu erhalten ist eine riesige Aufgabe für die Stadtväter und den Staat.
Heute bei strahlendem Sonnenschein und leichtem Wind spüren wir nichts von dem gewöhnlich – vor allem im Winter – herabrieselnden Dreck und den Giften, von denen meine Kollegen erzählen, die die Stadt genau kennen.
»Jetzt müßt ihr nach links schauen!« sagt Jiři Radek. Auf einer Steinsäule erhebt sich gegen das Wasser der Moldau das Standbild eines Ritters mit Helm und Schwert. »Das ist der Bruncvik.«
»Das ist die tschechische Bezeichnung für ›Braunschweiger‹«, ergänzt Danny Och, »aber eigentlich ist er eine Rolandssäule, wie es sie in vielen Ländern gibt. Ich weiß nicht, warum das im Tschechischen so heißt.«
Jiři Radek, der uns zu diesem imposanten Anblick aufgefordert hatte, kommt zum Kern der Sache. »Auf jeden Fall besagt die Sage, wenn die Tschechen durch eine feindliche Macht bedroht sind, wird der Bruncvik sein Schwert zücken und ihnen helfen, wie die anderen Ritter des Heiligen Wenzel, die im Berg Blanik schlafen und dann aufwachen.«
»Bei Hitlers Besetzung und dem Einmarsch der Russen 1968 hat es aber nicht funktioniert«, sage ich scherzend.

Rechts oben: Blick von der Karlsbrücke zum Veitsdom

Rechts unten: Ein Hausgiebel an der Karlsbrücke auf der Kleinseite

Rechte Seite: Die Kleinseitner Brückentürme an der Karlsbrücke

Jiři, der sich als ehemaliger Prager vor allem auch in der Kunst auskennt, weist uns auf einen Giebel hin. Ein Bild ist von Blumen umgeben. Darunter eine Tür, die zu einem kleinen Balkon mit Eisengittern führt. »Hier hat ein berühmter Schauspieler gewohnt.«
Am Ende der Brücke, nun wieder auf der rechten Seite, sehen wir ein solches, allerdings noch lebendes Original. Ein Maler mit rotgeschminktem Gesicht sitzt hinter der Staffelei und streckt fortwährend die Zunge aus seinem Mund heraus. Er malt sich selbst als Teufel und verkauft dieses immer gleiche Motiv an seine Kunden. »Etwas verrückt ist der ja schon!« sagt Danny Och.

Wir gehen durch das Kleinseitner Brückentor. Dahinter fällt der Blick auf die St.-Niklas-Kirche dieses Stadtteils. Eine grandiose Schöpfung des großen Barockbaumeisters Kilian Ignaz Dientzenhofer, die neben dem Veitsdom als schönster Sakralbau Prags gerühmt wird.
»Wir müssen die nächste Straße links«, sagt Jiři, der uns zu seinem Geheimtip, einem guten und preiswerten Restaurant, führen will. Wir erreichen den Malteserplatz mit seiner trutzigen alten Kirche St. Maria unter der Kette. In einer Ecke des kleinen Platzes erinnert eine Tafel an den Aufenthalt Ludwig van Beethovens. Wir biegen um eine weitere Ecke, dann sind wir am kulinarischen Ziel »U Vladare« angekommen. Drei Kategorien gibt es in den Restaurants, wie uns Jiři erklärt. »Am teuersten ist es im Keller, links – das ist die Mittelklasse. Hier rechts im ›Pferdestall‹ ist es am billigsten.« Wir genießen die Kühle im Lokal und bestellen böh-

Die Malteserkirche St. Maria unter der Kette

Linke Seite: Die St.-Niklas-Kirche auf der Kleinseite

In der Nerudova-Straße, die zum Hradschin führt

Rechte Seite: Das Erzbischöfliche Palais auf dem Hradschiner Platz

misches Bier, von dem hier der halbe Liter weniger als eine Mark kostet. Ein Hauptgericht ist für rund drei Mark zu haben, was für uns Deutsche sehr billig ist. Aber ein Prager verdient durchschnittlich nur etwa 300 Mark im Monat. Da sieht das wieder anders aus.

Weiter geht's durch die ansteigende Nerudagasse Richtung Hradschin. Die Häuser haben fast alle bildhafte Bezeichnungen, die auf eine Zeit zurückgehen, in der es noch keine Hausnummern gab. Mal sind es Tiere, dann wieder Gegenstände wie zum Beispiel eine Säule an der Hausfront – eine reizvolle, abwechslungsreiche Straße. Die Folge der Bürgerhäuser wird von zwei Barockpalais unterbrochen, die sich schräg gegenüberstehen. Das rechte ist das bedeutendere: das Palais Thun-Hohenstein, in dem heute die italienische Botschaft ihren Sitz hat. Im Juli, als wir mit dem tschechischen Fernsehen wegen des beabsichtigten Kooperationsvertrages verhandelten, hatten wir hier mit unserem Produktionsleiter Christoph von Hennet beim Gang zur Burg haltgemacht. Er erzählte mir damals, daß seine Frau aus dem Geschlecht der Grafen Thun stammt. Er selbst kam auch aus dem Sudetenland und hatte

Blick auf den Hradschin mit dem ersten Burghof

Unten: Eingang in den ersten Burghof

St.-Georgs-Brunnen im dritten Burghof

mir seinen Herkunftsort, der in der Nähe von Saaz an der Eger liegt, im Flugzeug auf meiner genauen Landkarte gezeigt. Ich kannte den Kollegen von Hennet schon viele Jahre, aber erst auf dieser Reise nach Böhmen erfuhr ich von den Wurzeln seiner Familie.
Wir sind auf dem Hradschiner Platz vor der Burg angelangt. Musik aus klassischen Instrumenten erklingt über der Höhe. Die kleine Gruppe spielt gerade eine böhmische Volksweise, wie mir der Tonkollege erklärt. Links vor der Burg steht das Erzbischöfliche Palais mit seiner üppigen Rokokofassade. In einigen Tagen werden wir hier Kardinal Vlk für unseren Film interviewen.
Vor dem Eingang zum ersten Burghof stehen die Soldaten der Wache in ihren schmucken, hellblauen Uniformen. Darüber erheben sich auf mächtigen Sandsteinquadern die Statuengruppen kämpfender Giganten. Zwischen dem ersten und zweiten Burghof liegen die Repräsentationsräume des Staatspräsidenten. Im dritten Hof dann der beeindruckendste Bau der ganzen Anlage: der St.-Veits-Dom, der mit seinem Hauptschiff und den drei Türmen hoch in den Himmel ragt. 1344 war das Bistum Prag von Papst Klemens VI. zum Erzbistum erhoben worden. Karl IV., damals noch Markgraf, hatte den Heiligen Vater, den er aus früherer gemeinsamer Zeit kannte, darum gebeten. Nun wurde der Grundstein zu einer mächtigen gotischen Kathedrale gelegt, aus Frankreich kam der Baumeister Matthias von Arras. Nach seinem Tode setzte Peter Parler das Werk fort. 1355 erwarb der gerade in Rom zum Kaiser gekrönte Karl IV. in Italien die Gebeine des Heiligen Veit und machte Prag damit zum Zentrum der Verehrung dieses Märtyrers. Für den Bau des Domes stellte der Kaiser als vermögendster Fürst des Reiches enorme Geldmittel zur Verfügung. Peter Parler begann den mächtigen Südturm, der auf seine Wirkung von der Stadt her zugleich als Turm der Kaiserresidenz wie als Turm der Bischofskirche angelegt war.

Linke Seite: Der St.-Veits-Dom im dritten Burghof

In der Nähe des Turmes plätschert der St.-Georgs-Brunnen mit dem Bronzeguß des Heiligen Georgs aus dem Jahre 1373. Ein einmaliges Kunstwerk aus dieser Zeit.

Ein kurzer Besuch im gewaltigen Dom. Die Innenaufnahmen dieses so reichen Gotteshauses sind für einen anderen Tag geplant. Dafür benötigen wir noch die Drehgenehmigung und eine zusätzliche Ausrüstung mit Licht.
Nun stehen noch Aufnahmen vom Alten Königspalast von außen auf der Tagesordnung. Hinter der Renaissancefensterfront von Benedikt Ried verbirgt sich der große und beeindruckende Wladislawsaal, der ebenfalls unter Karl IV. im gotischen Stil entstanden war und den Ried so genial umgestaltet und ergänzt hatte.
Einige Schritte weiter, am Georgsplatz, steht die doppelgesichtige St.-Georgs-Basilika. Die Westseite der alten Kirche hat barocke Züge, der Ostchor hingegen läßt deutlich die romanische Entstehungszeit der Kirche erkennen. Schon im 10. Jahrhundert wurde sie erbaut. 1142 kamen die beiden viereckigen Türme hinzu. In der Kapelle der heiligen Ludmila ruht die erste Märtyrerin Böhmens und »Mutter des tschechischen Volkes«.

St.-Georgs-Basilika

»Die Burg Karlstein ist ein Juwel. Sie ist – wenn man vom Hradschin absieht – die schönste Burg in Böhmen. Hier müssen Sie unbedingt Filmaufnahmen machen.« Diesen Rat hatte uns unser Fachberater Professor Joachim Menzel von der Universität Mainz gegeben, den ich wie schon bei den Schlesien-Filmen im letzten Jahr für die neue Aufgabe als Mitarbeiter gewinnen konnte.
Wie ein Märchenschloß liegt die wiederum von Karl IV. erbaute Burg über dem Tal. Die uneinnehmbare Anlage wurde der Aufbewahrungsort der Krönungskleinodien und der sakralen Gegenstände des Römischen Reiches sowie der Böhmischen Krone. 1348 wurde mit ihrem Bau begonnen, im selben Jahr, in dem Karl IV. auch die erste Universität Mitteleuropas ins Leben rief. Schon wenige Jahre später war der prächtige Bau fertiggestellt.
Im Burghof nimmt gerade ein Brautpaar mit seinem Gefolge Aufstellung. Es heißt, hier geschlossene Ehen seien außergewöhnlich fest und hielten besonders lang. Ein speziell für uns bestimmter Burgführer geleitet uns im Schnellgang durch die Räume. Vorbei an den großen Besuchergruppen, die den Blick auf die Gegenstände versperren. Im Kaiserpalast im Erdgeschoß befindet sich der Vasallensaal, der große Festsaal, im Obergeschoß liegen die Repräsentations- und Wohnräume des Kaisers. In der Privatkapelle, in der der Herrscher sein Früh- und Abendgebet verrichtete, steht das Diptychon des Tommaso da Modena von 1355.

Ein Flügelaltar, den der Kaiser auf seine Reisen mitnahm, wie der Burgführer erzählt.
In der Marienkirche im Marienturm hängen die Wände voller Gemälde. Die Südwand zeigt den Kaiser mit seinen Reliquien, die er wie niemand vor ihm gesammelt hat. Durch einen schmalen Gang, das sogenannte »Grab Christi« kommen wir zur kleinen Katharinenkapelle, in der Karl IV. nächtelang meditierte und über seine Staatsgeschäfte nachdachte. Mit großen kostbaren Halbedelsteinen ist sie geschmückt.
Den großen, oberen Turm können wir leider nicht besichtigen. Die Kreuzkapelle mit dem »Tresor«, in dem die Reichskleinodien verwahrt wurden, wird gerade renoviert. Für alle – auch für so neugierige Fernsehleute wie uns – bleibt sie verschlossen. Wir haben die Abbildungen in den Büchern gesehen: ein Traum in Gold und Edelsteinen. Hier lag der größte Schatz des Abendlandes, die goldene Krone Kaiser Karls des Großen, der goldene Reichsapfel, das Reichszepter, das goldene Zeremonialkreuz, mit einem Splitter und einem Nagel vom Kreuz Christi.
Unter der goldenen Decke der Kapelle, die der Kaiser nur barfuß betrat, befinden sich die 130 Gemälde des Meisters Theoderich von Prag. Die Gestalten seiner Bilder sollten gleichsam als himmlische Heerscharen die hier aufbewahrten Schätze behüten.
Trotz aller Reisen und Geschäfte ist ein Aufenthalt des Kaisers von zwölf Jahren bezeugt. Die Burg Karlstein, die er selbst geschaffen hatte, wurde sein geistiges Zuhause. In der Nähe seiner Schätze holte er sich hier durch Meditation und Gebete Inspiration und Kraft für die Verwirklichung seiner Pläne.

Ostchor der St.-Georgs-Basilika

Folgende Doppelseite: Die Burg Karlstein

Trotz aller Befestigungen wurden die Reichskleinodien während der Hussitenkriege nach Ungarn in Sicherheit gebracht. Nach Karlstein kamen sie nie wieder zurück. Die Krönungsinsignien des Heiligen Römischen Reiches werden heute in der Schatzkammer der Wiener Hofburg verwahrt. Der böhmische Kronschatz ruht im Prager Veitsdom hinter einer Tür der Wenzelskapelle, die nur mit sieben Schlüsseln von sieben hochrangigen Persönlichkeiten gleichzeitig zu öffnen ist.

Linke Seite: Hochzeit auf Burg Karlstein

Der Flügelaltar Karls IV. auf Burg Karlstein

Es ist schon später Nachmittag, als wir vor der Burg Worlik (tschechisch: Orlik) ankommen. Auf der Suche nach der Burg hatten wir uns verfahren, weil wir zu früh von der Hauptrichtung abgewichen waren und erst einen Übergang über den Orliker Stausee finden mußten.

»Kann ich Ihnen helfen?« fragt uns eine Frau in leicht österreichischem Dialekt und stellt sich als Gerda Neudeck von der Schwarzenbergschen Zentralkanzlei vor. Wir erzählen, daß wir für unseren Film Aufnahmen vom Schloß machen wollen, was sie sehr interessiert. »Reklame kann unser Schloß gut gebrauchen. Wir liegen halt doch schon ganz schön weit von Prag entfernt. Die

Reliquienszenen mit Karl IV. in der Marienkirche von Burg Karlstein

Burg Worlik an der Moldau

Besucherzahlen von Karlstein hätten wir gern.«
Sie führt uns hinunter zum Moldauufer zu einer Stelle, von der aus die Burg besonders imposant aussieht. Die gelbe Farbe der Burg, mit deren Bau im 13. Jahrhundert begonnen wurde, spiegelt sich im ruhigen Wasser des hier aufgestauten Flusses. Frau Neudeck erzählt, wie Fürst Schwarzenberg seinen Besitz wiederbekam. Daß es dazu eines extra Gesetzes bedurfte und daß er neben dem tschechischen Paß auch noch einen schweizerischen besitzt. Und sie berichtet von seinem früheren Amt als Kanzler des Präsidentenbüros bei Václav Havel wie von den vielen Schwierigkeiten, die es heute in der Verwaltung und der Wiederherstellung eines solchen Anwesens gibt.
»Glauben Sie mir, ich bin manchmal wirklich mit meinen Nerven am Ende. Aber der Fürst ist ein Idealist. Der einzige wirkliche Europäer, den ich kenne. Er reißt uns alle wieder mit, wenn es ganz schwierig ist.«
Nach unserem Außendreh läßt sie uns in der Schloßschenke mit böhmischen Knoblauchplinsen und Wein bewirten und überreicht uns allen eine Karte, auf der die Verbindungen von Nürnberg, München, Salzburg, Wien und Prag nach Orlik eingezeichnet sind. Dann verrät sie uns, daß sie bei all ihrer Aufgeschlossenheit und der Kenntnis der Landessprache keinen näheren Zugang zu den Tschechen findet, was sie sich kaum erklären kann. Meine ehemals tschechischen Kollegen stellen darüber ihre Mutmaßungen an, ohne zu einem plausiblen Ergebnis zu kommen.
»Kommen Sie einmal tagsüber wieder. Dann zeige ich Ihnen das ganze Schloß!«

»Auf zum Böhmerwald«, sagt Danny Och, der mit seiner Familie, wie er uns erzählte, dort schon so oft seinen Urlaub verbracht hat. »Wenn das Wetter hält, können wir heute viel sehen und filmen.«
In der Morgenfrische des Augusttages fahren wir los. Ein erster Halt in dem kleinen Städtchen Wolin (tschechisch: Volyne) mit dem imposanten Renaissancerathaus von 1529. Dann rückt der blaue Kamm des Böhmerwaldes immer näher. Vor dem Ort Lenora verlassen wir die Straße. Auf schmalen Wegen geht es durch eine Auenlandschaft. Der Kameramann sucht eine bestimmte Stelle der Warmen Moldau, wie sie hier heißt. Der Fluß ist noch schmal, sein Wasser kristallklar. Welche ländliche Stille! Zu hören ist nur das gleichförmige Geräusch der Moldau, die hier über ein kleines Wehr fließt, und das Jubilieren der Vögel. Wie schön es hier ist! Ich hätte Lust hierzubleiben, den ganzen Tag nur die Natur zu genießen. In dieser schönen Umgebung muß ich wieder daran denken, wie schwer es den Menschen gefallen sein mag, ihre Heimat verlassen zu müssen. Eine neue Bleibe kann man wieder finden. Heimat gibt es nur einmal. Das Heimatgefühl ist eines der stärksten, das der Mensch kennt. Die gewaltsame Trennung von der Heimat wiegt so besonders schwer.

Weiter nun nach Oberplan zum Geburtshaus des Dichters Adalbert Stifter, der hier am 23. Oktober 1805 geboren wurde. Der große Erzähler schildert seine Heimat, den Böhmerwald, liebevoll in seinen Werken. Hier ein Auszug aus dem »Hochwald«: »Wenn sich der Wanderer von der alten Stadt und dem Schlosse Krumau westwärts wendet, so

Das Rathaus in Wolin

Folgende Doppelseite: Blick auf den Kamm des Böhmerwaldes

wird ihm zwischen unscheinbaren Hügeln, bald hier, bald da ein Stück Dämmerblau hereinscheinen, Gruß und Zeichen von draußen ziehendem Gebirgslande, bis er endlich nach Ersteigung eines Kammes nicht wieder einen anderen vor sich sieht, wie den ganzen Vormittag, sondern mit eins die ganze blaue Wand, vom Süd nach Nord streichend, einsam und traurig. Sie schneidet einfärbig mit breitem, lotrechtem Bande den Abendhimmel und schließt ein Tal, aus dem ihn wieder die Wasser der Moldau anglänzen, die er in Krumau verließ, nur sind sie hier noch jugendlicher und näher ihrem Ursprung. Im Tale, das weit und fruchtbar ist, sind Dörfer herumgestreut, und mitten unter ihnen steht der kleine Flecken Oberplan.«

Von Oberplan aus fahren wir nun – entgegen der Schilderung des Dichters – nach Krumau, in die alte, früher von Deutschen gegründete und vor allem von Deutschen bewohnte Stadt. Auf der Strecke dorthin erscheint rechter Hand eine frisch gestrichene Kirche, deren Farben in der Sonne leuchten. Ein fröhliches Motiv, das gefilmt werden muß. Leider fehlt die Zeit, den Namen des Ortes und die Geschichte der Renovierung der Kirche herauszufinden. Meine Karte ist zu ungenau. Wahrscheinlich haben hier die ehemaligen deutschen Bewohner – wie so oft in den früheren Siedlungsgebieten – dafür gespendet, daß die Heimatkirche wieder in altem Glanz erstrahlt.

Krumau ist wirklich eine Perle, wie es Danny Och angekündigt hat. In zwei engen Schleifen der Moldau liegen die beiden Teile der mittelalterlichen Stadt, die mit UNESCO-Geldern in den letzten Jahren herausgeputzt worden ist.

Die gestaute Moldau im Böhmerwald

Linke Seite: Die junge Moldau bei Lenora

Oben:
Das Geburtshaus von Adalbert Stifter in Oberplan

Die Burg auf felsiger Höhe ist nach dem Prager Hradschin die zweitgrößte in Böhmen. Schon 1240 wurde sie vom Adelsgeschlecht der Witigonen gegründet. Der Roman »Witiko« von Adalbert Stifter endet mit dem Beginn des Baus der Burg: »...er hatte in späten Jahren noch eine große Freude, als sein Sohn Witiko auf dem Fels der Krummen Au, die nun zu Witikos Stamme gehörte, eine Burg zu bauen begann.«
Der Turm des Schlosses glänzt heute mit seinen Farben über der engen Stadt mit ihren schönen Winkeln und Plätzen, an denen noch einige Aufschriften an die alte deutsche Zeit erinnern. Un-

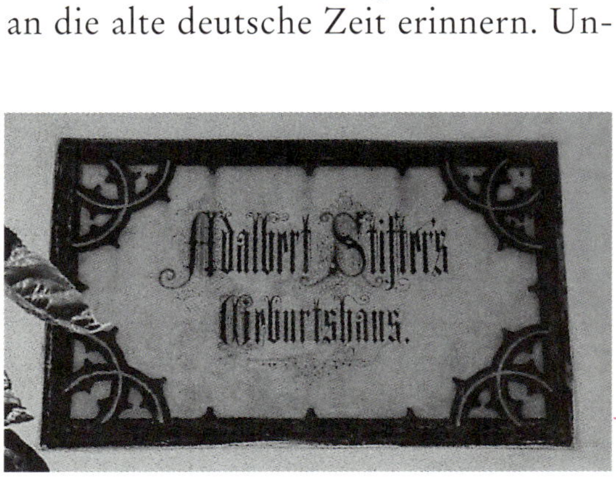

Rechts:
Eine Tafel am Geburtshaus

Rechte Seite:
Eine renovierte Dorfkirche bei Krumau

Oben:
Blick auf
Krumau
vom Schloß

Rechts:
In einem der
vielen Höfe
von Schloß
Krumau

Rechte Seite:
Schloß Krumau

ser Team hetzt durch die Gassen, getrieben vom Fleiß und Ehrgeiz des Kamerakollegen, der hier noch so vieles drehen möchte.

Das letzte Licht des Tages wollen wir noch für die Stadt Budweis nutzen. Wenigstens ihr großer berühmter Platz soll noch gefilmt werden. Zum Glück finden wir ohne Verzögerung in die Mitte der Metropole Südböhmens mit ihren rund 100 000 Einwohnern. Der Platz mit seinen zwei schönen Brunnen bildet ein großes Quadrat, das von alten, aber frisch herausgeputzten Häusern gesäumt ist. Darüber ragen in der einen Ecke die Türme der St.-Nikolaus-Kirche empor. Schräg gegenüber bestaunen wir das erhabene dreitürmige barocke Rathaus, das im Gegenlicht des dämmernden Tages liegt.

Der Marktplatz in Budweis mit der St.-Nikolaus-Kirche und dem Samsonbrunnen

Nach Abschluß der Dreharbeiten essen wir in den historischen Räumen der aus dem 16. Jahrhundert stammenden sogenannten »Fleischbänke«, die tschechisch »Masne Kramy« heißen und als originelles und gutes Restaurant weit und breit bekannt sind. Es ist die erste Mahlzeit seit dem Morgen, weil wir bei dem herrlichen Wetter die Zeit für das Filmen sparen wollten.

»Es hat sich heute wirklich gelohnt!« sagt unser Kameramann Danny Och zufrieden nach dem ersten langen Schluck aus einem großen Glas gefüllt mit Budweiser Bier.

Nach einem völlig verregneten Sonntag drehen wir zu Wochenbeginn wieder in Prag, blauer Himmel mit lichten Schleierwolken empfangen uns. Am Loretoplatz, westlich vom Hradschin, liegt das riesige Palais Černin, in dem sich seit 1934 mit einigen Unterbrechungen das Außenministerium der Republik befindet. Am 10. März 1948 wurde hier der damalige Außenminister Jan Masaryk unter dem Fenster seiner Dienstwohnung tot aufgefunden. Bis heute ist nicht geklärt, ob es sich um einen Selbstmord gehandelt hat oder um den dritten Prager Fenstersturz – diesmal

Das Rathaus in Budweis

vom sowjetischen Geheimdienst initiiert.
Dem Palais gegenüber liegt das Loretoheiligtum, das dem Platz den Namen gegeben hat. 1623 wurde mit dem Bau des Heiligtums begonnen. Im Zuge der Gegenreformation sollte die störrische protestantische Bevölkerung Prags über den Marienkult zum alten katholischen Glauben zurückgeführt werden. Einer Legende nach haben Engel im Jahr 1295 das Wohnhaus der Heiligen Familie von Nazareth in einen Lorbeerhain der italienischen Provinz Ancona getragen. Das Heilige Haus im Lorbeerhain (vom lateinischen »lauretum« stammt »Loreto«) wurde zu einer der berühmtesten Pilgerstätten der Christen. In Böhmen entstanden im 17. Jahrhundert viele Nachbauten der Anlage, der bedeutendste davon in Prag. Um das freistehende heilige Haus herum gruppieren sich mehrere Kapellen und die große Christi-Geburts-Kirche, die durch Wandelgänge miteinander verbunden sind. Vom Hauptturm herab, einem Werk des Baumeisters Christoph Dientzenhofer, erklingt zu jeder vollen Stunde das berühmte Glockenspiel.

Nur wenige Schritte vom Loretoplatz entfernt liegt abseits aller Touristenströme die Gasse »Novy Svět« (Neue Welt). Im Gegensatz zu ihrem Namen scheint die alte Zeit in den stillen Winkeln stehengeblieben zu sein.
Wir verlassen die Höhe wieder und fahren zur Moldau herunter auf die Slawische Insel, die früher Sophieninsel hieß. Hier im Sophiensaal fand nach der Revolution von 1848 der Erste Slawische Kongreß statt, der die Selbstbestimmung der Slawen im Habsburgerreich einläutete. Damals wurden die ersten Forderungen auf Autonomie erhoben.

Für das Erwachen des tschechischen Nationalbewußtseins unter der Bezeichnung »obrozeni« (deutsch: Wiedergeburt) steht vor allem die Gründungsgeschichte des Nationaltheaters in Prag. Die Tschechen, die eine eigene Spielstätte für Aufführungen in ihrer Sprache errichten wollten, gründeten 1853 einen Verein. Unter dem Stichwort »Matice česka« (deutsch: tschechischer Kulturverein) wurden Gelder gesammelt, und 1881 konnte das Theater eröffnet werden. Über der Bühne prangten zwischen dem böhmischen Löwen und den mährischen und schlesischen Adlern selbstbewußt die goldenen Buchstaben »narod sobe«, was übersetzt »das Volk sich selbst« bedeutet. Als das Theater bereits zwei Monate später wieder abbrannte, wurde die Spendenaktion noch einmal wiederholt. 1883 eröffnete das Haus zum zweiten Mal mit Smetanas Oper »Libuse«.
Im Zuschauerraum des Theaters mit seinen reichen Goldverzierungen wird unsere Filmarbeit von dem früheren Ballettmeister betreut. Der Kollege vom Prager ZDF-Büro hatte im Vorgespräch für die Drehgenehmigung vereinbart, daß wir ihm persönlich dafür 200 Kronen, etwa 12 Mark, bezahlen.

Linke Seite oben: Am Palais Černin in Prag

Linke Seite unten: Das Loretoheiligtum in Prag

Links oben: In der Gasse »Neue Welt« auf der Kleinseite

Links unten: Das Nationaltheater

Folgende Doppelseite: Der Sophiensaal auf der Slawischen Insel in der Moldau

Coca-Cola

Ein Denkmal an die Schlacht auf dem Weißen Berg von 1620

Im Gespräch mit dem Künstler, den unser Tonmann von seinem früheren Engagement als Cellist hier im Theater kennt, erfahren wir viel über die heutige Lage in Tschechien und über die besondere Situation der Künstler.

»Das ist nicht mehr so wie früher. Die besten Leute gehen ins Ausland. Und die, die hierbleiben, haben wenig Geld.« Und dann beklagt er den Verlust von Kollegialität unter den Künstlern. »Jeder denkt nur noch an sich!« sagt er.

»Was bekommt der frühere Ballettmeister jetzt für eine Rente?« will ich von Jiři Radek wissen, der sich mit ihm noch länger unterhalten hat.

»Umgerechnet nur etwa 250 Mark. Deshalb hat er wie so viele andere Tschechen noch einen Nebenjob. Er fährt Taxi.«

In der Schlacht am Weißen Berg 1620 haben die böhmischen Protestanten ihr Trauma erlitten. An einem Regentag besuchen wir das Gelände der schicksalsreichen Auseinandersetzung nördlich von Prag. Inmitten abgeernteter Getreidefelder steht eine Baumgruppe mit einem einfachen Stein. Hier trafen am 8. November 1620 die Heere Kaiser Ferdinands II. und des Königs Friedrich aufeinander, der – da er die Schlacht verlor – nur einen Winter lang die böhmische Krone besaß und so den Beinamen »Winterkönig« erhielt. Mit dieser Niederlage begann die Rekatholisierung Böhmens. 150 000 Protestanten, die sogenannten »Böhmischen Brüder« mußten ihre Heimat verlassen. Diese Vertreibung aus konfessionellen Gründen betraf damals Deutsche und Tschechen gleichermaßen.

Weiterfahrt bei strömendem Regen nach Lidice, etwa 40 Kilometer westlich von Prag. In dem kleinen Museum des Ortes hängen Schwarzweißfotos von den Opfern an der Wand. Das Dorf war nach dem Attentat auf den stellvertretenden Reichsprotektor von Böhmen und Mähren, Reinhard Heydrich, in den Brennpunkt von Hitlers Rache geraten, als sich herausstellte, daß ein Attentäter sich dort zeitweise versteckt hatte. Der grausame Befehl, der von Hitler aus Berlin kam, lautete: »Sämtliche erwachsenen Männer in Lidice sind zu erschießen. Sämtliche Frauen sind in Konzentrationslager abzutransportieren. Sämtliche rassisch geeigneten Kinder sind umzudeutschen und umzuerziehen. Die Ortschaft ist niederzubrennen und dem Erdboden gleichzumachen.«

Dieser Befehl wurde ausgeführt. Daß hier einmal ein Dorf war, daran erinnern heute nur noch Reste von Fundamenten und mehrere Denkmäler, die nach dem Krieg errichtet wurden. Beklemmend sind vor allem die Filmaufnahmen, die im Museum gezeigt werden. Der ganze Akt der Vernichtung war von den Nationalsozialisten auf Zelluloid festgehalten worden. Beklemmend auch die Zusammenhänge zwischen dem Geschehen hier und dem, was sich später an den Deutschen als Rache in Böhmen und Mähren ereignete.

Lidice. Trümmer und Denkmäler erinnern an die Zerstörung des Ortes durch Hitler

Am Donnerstag, dem 29. August, haben wir wieder strahlendes Wetter. Eine klare Sicht wie selten in der Moldaustadt. Regen und Wind hatten die sonst so verschmutzte Luft gereinigt.

Unsere Aufnahmen beginnen wir am Rathaus in der Neustadt, die von Karl IV. südlich der Altstadt ausgewiesen wurde, um dem engen Prag neuen Platz zu verschaffen. Am Neustädter Rathaus ereignete sich der sogenannte Erste Prager Fenstersturz. Am 30. Juli 1419 wurden 13 Schöffen des Rats von wütenden Hus-Anhängern auf die Straße geworfen und massakriert. Eine Provokation für Kaiser Sigismund, der nun zum ersten Kreuzzug gegen die ketzerischen Hussiten aufrief. Bald darauf traf im Osten von Prag sein Heer mit den Hussiten unter der Anführung ihres Feldherrn Žižka zusammen. Der Kaiser und seine Mannen verloren die Schlacht, obwohl sie zahlenmäßig überlegen waren. Der Berg, auf dem der Kampf stattfand, erhielt den Namen des Siegers, den er bis heute trägt: Žižkow.

Wir sind am Wenzelsplatz, den Karl IV. unter der Bezeichnung Roßmarkt als Mittelpunkt seiner »Neustadt« hatte anlegen lassen. Mit einer Länge von 750 und einer Breite von 60 Metern zählt er heute zu den größten und schönsten Plätzen der historischen Städte Europas.
Der Platz, der seit 1848 den Namen des böhmischen Heiligen trägt, ist das Herz der pulsierenden Metropole. Hier fanden alle wichtigen politischen Kundgebungen statt, auch die, die schließlich zum Sturz der kommunistischen Regierung führten. Hier ist das Zentrum der Geschäftswelt. Neben dem Hradschin, der Karlsbrücke und dem Altstädter Ring gehört der Wenzelsplatz zu einem Quartett von Sehenswürdigkeiten, das auf dem Programm eines jeden Touristen steht, der die Stadt besucht.

Die Kirche Maria Schnee

Linke Seite: Das Neustädter Rathaus in Prag

Folgende Doppelseite: Der Wenzelsplatz vom Nationalmuseum aus gesehen

Marlboro

BÍLÁ

Oben:
Der Brunnen vor dem Nationalmuseum

Rechts:
Die Gedenkstätte für Jan Pallach auf dem Wenzelsplatz

Rechte Seite:
Das Wenzelsdenkmal vor dem Nationalmuseum

GRAND HOTEL EUROPA

Ein Laden am Wenzelsplatz

Am Fuße des langgestreckten Platzes, der eigentlich eher einem breiten Boulevard gleicht, stehen in bunten Gruppen die zahlreichen Besucher. Er ist ein beliebter Treff- und Ausgangspunkt für Führungen durch die Innenstadt.
Wir unternehmen einen kleinen Abstecher zum Jungmannplatz, der mit einem Denkmal an den tschechischen Dichter erinnert, der als Begründer der neutschechischen Schriftsprache gilt. Dem Deutsch der herrschenden Klasse müsse das Tschechisch des Volkes entgegengesetzt werden, hatte Jungmann seinen Landsleuten eingeschärft. In dem Feinkostladen, der seinen Namen trägt, gibt es für wenige Kronen belegte Weißbrotscheiben in großer Auswahl. Ein Geheimtip meiner Kollegen, die sich in der Stadt auskennen, wenn man schnell, gut und preiswert etwas essen will.
Einige Schritte weiter überrascht inmitten der Großstadt ein lauschiger Platz mit Bäumen, Blumenbeeten und Bänken. Über dem sogenannten Franziskanergarten ragt das hohe Schiff der Kirche Maria Schnee, die Karl IV. anläßlich des Todes seiner ersten Frau gestiftet hatte. Sie sollte noch größer als der Veitsdom werden, doch nur ihr Chor wurde vollendet. Die Hussitenkriege setzten der Bautätigkeit ein Ende.
Wieder zurück zu unserer Route auf den Wenzelsplatz, zu der Stelle, an der sich der Student Jan Pallach aus Protest gegen die Unterdrückung des Aufstands des Prager Frühlings mit Benzin übergossen und angezündet hatte. Viele Blumen liegen vor dem Bild des Opfers, das seinen Verbrennungen erlegen war.
Weiter geht es zum monumentalen Denkmal des heiligen Wenzel am oberen Ende des Platzes. Hoch zu Roß, die Lanze in der Hand, erhebt sich der Nationalheld seit 1912 an dieser Stelle gegen den Himmel. Den Einmarsch der deutschen Truppen und die Invasion

Linke Seite: Grandhotel Europa am Wenzelsplatz

PATRIAE ET MUSIS

der sowjetischen Panzer, die ihn umringten, hat er unbeschadet überstanden. Heute werden in seiner Nähe nur noch Kämpfe um Parkplätze geführt, die in der überbordenden Stadt so rar sind.

Den Abschluß des Platzes bildet das Ende des 19. Jahrhunderts gebaute Nationalmuseum mit seiner vergoldeten Kuppel und dem in der Sonne glitzernden Brunnen. Von seiner breiten Auffahrt mit der steinernen Balustrade hat man den besten Überblick über die gesamte Anlage dieses Kernstücks der Stadt.

Auf der anderen Seite des Platzes gehen wir zurück. In den Zugängen zur Metro das quirlige Bild einer lebendigen Großstadt, Jugendliche mit Rucksäkken, die von einem Ziel zum anderen eilen in der überwältigenden Fülle von Prag.

Die Pracht alter Fassaden. Die vergoldeten Motive beim Grandhotel Europa glänzen in der Sonne, die bezaubernde Vielfalt des Art Nouveau.

Im Laden nebenan werden Masken von Prominenten angeboten. Karikaturhaft sind ihre Züge geschärft, es gibt beliebte und ungeliebte Politiker und auch Gegner von einst. Ein symbolhafter Beweis für die Freiheit, die heute in diesem Staat herrscht.

Weiter geht's zum sogenannten Ständetheater, dessen klassizistischer Bau 1783 mit Lessings Stück »Emilia Galotti« eingeweiht wurde. Drei Jahre später erwarb sich Mozart mit »Figaros Hochzeit« die stürmische Zuneigung des Publikums. »Meine Prager verstehen mich«, schwärmte er und ließ deshalb seine Oper »Don Giovanni« hier uraufführen.

Neben dem Ständetheater liegt das Carolinum, die von Karl IV. gegründete erste Universität in Mitteleuropa. Es ist zur Zeit wegen Renovierungsarbeiten eingerüstet. Filmen ist also leider nicht möglich. Im Frühjahr werden wir es von einem Prager Kameramann nachholen lassen.

Die Kirche im Strachowkloster

Wir fahren über die Moldau hoch zum Strachowkloster, wo wir uns mit einem tschechischen Historiker zu einem Interview vor der Silhouette der Stadt verabredet haben. Die frisch renovierte Eingangspforte und die Kirche strahlen im Sonnenlicht. Für die Besichtigung des bedeutenden Klosters mit seiner berühmten Bibliothek ist heute keine Zeit. Es gilt, das schöne Wetter und die seltene Fernsicht auszunutzen.

Wir fragen Dr. Emanuel Mandler vor der beeindruckenden Kulisse der Stadt nach der völkerrechtlichen Beurteilung der Benesch-Dekrete, die zur Grundlage der Behandlung und Vertreibung der Deutschen wurden. Zu unserer großen Überraschung vergleicht der gebürtige Jude sie sogar mit den Nürnber-

Linke Seite: Das Ständetheater in Prag

ger Gesetzen Hitlers, weil sie wie diese einen totalitären Ursprung und keine demokratische Legitimation gehabt hätten. Die Benesch-Dekrete, die die deutsche Bevölkerung betrafen, hätten sich nicht im Einklang mit den Normen der Menschenrechte befunden, erklärte er. Die Enteignung einer ganzen Bevölkerungsgruppe ohne Entschädigung sei völkerrechtswidrig. »Zu allen internationalen Rechtsnormen stehen die Benesch-Dekrete, die auf der Kollektivschuld basieren, in tiefem Widerspruch.«
Solche Äußerungen eines tschechischen Wissenschaftlers stehen heute noch im Widerspruch zur gültigen Staatsdoktrin der Tschechischen Republik, die an den Dekreten weiterhin festhält. Wohl auch aus Angst davor, mit ihrer Aufhebung eine Entwicklung einzuleiten, die mit daraus folgenden Ansprüchen und Forderungen der Sudetendeutschen ins Uferlose führen könnte.
»Wenn wir den Tschechen auch heute noch die Benesch-Dekrete durchgehen lassen, dann untergraben wir das ganze Völkerrecht, alle internationalen Rechtsnormen. Wenn wir das weiter hinnehmen, dann billigen wir indirekt auch die sogenannten ›ethnischen Säuberungen‹ der Serben im ehemaligen Jugoslawien. Das darf nicht passieren. Das schlägt einer europäischen Zukunft ins Gesicht.« Dieses leidenschaftliche Plädoyer hatte mir vor einiger Zeit der Leiter unseres ZDF-Studios in Wien, Joachim Jauer, vorgetragen, der sich in den Ländern Südmittel- und Südosteuropas ja bestens auskennt.

Für Freitag, den 30. August, haben wir eine Drehgenehmigung für Innenaufnahmen im St.-Veits-Dom und in der Prager Burg. Am frühen Morgen herrscht in dem großen Gotteshaus zum Glück noch kein Gedränge, wie es später üblich ist. Von draußen spendet

Die Wappen von Böhmen, Mähren und Schlesien (von oben) im Chor des St.-Veits-Doms

Linke Seite: Der Chor im St.-Veits-Dom

Oben: Der Heilige Wenzel in der Wenzelskapelle des St.-Veits-Doms

Rechte Seite: Das Grab des Heiligen Wenzel in der Wenzelskapelle

die Sonne durch die hohen Glasfenster so viel Licht, daß es für die Aufnahmen der Totalen reicht, um den Eindruck der Größe dieses gewaltigen Bauwerks zu vermitteln. 124 Meter ist der Dom lang, seine breiteste Stelle in der Achse des Kreuzes mißt allein 60 Meter, seine Höhe beträgt 30 Meter. Aber nur der Chor mit seinen Kapellen und der Mittelturm stammen aus dem 14. und 15. Jahrhundert. Das Querschiff, das Dreierschiff und die beiden Türme der Vorderfront wurden erst um die Jahrhundertwende in neugotischer Bauweise ergänzt. Es handelt sich hier um einen nachträglichen architektonischen Kraftakt, ähnlich wie beim Kölner Dom, der auch nicht im Mittelalter vollendet werden konnte.

Der Reichtum der Innenausstattung des St.-Veits-Doms ist so groß und vielfältig, daß wir Mühe haben, uns zu beschränken. Die St.-Wenzels-Kapelle mit dem Grab des bedeutendsten Landesheiligen, der im Jahr 929 ermordet wurde, ist das Glanzstück des Doms. Sie wurde 1362 bis 1367 von Peter Parler erbaut. Der untere Teil der Kapelle wie auch das eigentliche Grab ist mit vielen großen Halbedelsteinen geschmückt. Darüber finden sich an allen Seiten Wandmalereien mit biblischen Szenen und Darstellungen aus dem Leben des Heiligen. Über dem Altar steht eine Steinstatue des Heiligen. Von der Wenzelskapelle führt eine Tür mit sieben Schlössern zur Kronkammer mit den Insignien der böhmischen Krone. In der Kammer liegt neben dem Königsschwert, dem Reichsapfel und dem Zepter die kostbare Wenzelskrone, die Kaiser Karl IV. aus der alten Přemyslidenkrone anfertigen ließ.

Wir betrachten noch im Chor das ganz aus Silber gefertigte Grab des Heiligen Nepomuk, dann steigen wir hinunter in die Königsgruft. Hinter einer dicken Glasplatte sind mehrere Särge aufgereiht, die in ihrer Schlichtheit ganz im Gegensatz zu den zuletzt gesehenen stehen. In der Mitte der Sarkophag von Kaiser Karl IV., der 1378 gestorben war. Links davon der gemeinsame Sarg seiner vier Gemahlinnen: Blanche von Valois, die er seit seinen Kindertagen geliebt hatte, Anna von der Pfalz, die ebenfalls früh gestorben war, Anna von Schweidnitz aus Schlesien, die bald nach der Geburt des Thronfolgers Wenzel IV. starb, und Elisabeth von Pommern, die den Kaiser um einige Jahre überlebt hatte.

Das Fenster in der Burg, aus dem der Zweite Prager Fenstersturz erfolgte

Hinter dem Sarg Karls IV. ruht Kaiser Rudolf II., der Habsburger, der als einziger Prag zu seiner Residenz gewählt hatte und hier einen glanzvollen Hof führte. Links in der Ecke der Sarg von Herzog Johann von Görlitz, dem etwas mißratenen Sohn Karls IV., der meiner Heimatstadt Görlitz damals nicht viel Gutes angetan hatte. Mit seinem Tod 1396 zerbrach auch das neugegründete Herzogtum.
Aus der Königsgruft wieder ins Tageslicht der Burg. Wir filmen den großartigen Wladislawsaal, zu seiner Zeit der größte eingewölbte weltliche Raum in ganz Mitteleuropa. Anschließend besichtigen wir das Zimmer in der Böhmischen Kanzlei, aus dem der sogenannte Zweite Prager Fenstersturz erfolgte. Hier wurden am 23. Mai 1618 zwei Statthalter des Kaisers und ihr Sekretär aus dem Fenster geworfen. Obwohl alle drei den 16 Meter tiefen Sturz überlebten, weil sie auf dichtes Buschwerk fielen (in einigen Chroniken wird von einem Misthaufen berichtet), war dies der Auslöser für den Dreißigjährigen Krieg. Die Böhmische Kanzlei hatte darüber hinaus noch eine weitere wichtige Bedeutung: Sie wurde zum Ausgangspunkt der neuhochdeutschen Schriftsprache. Die Urkundensprache des Johann von Neumarkt, Kanzler von Kaiser Karl IV., setzte sich nicht nur in Böhmen durch, sondern auch am Hofe des sächsischen Kurfürsten in Meißen. Martin Luther bediente sich ihrer bei seiner Bibelübersetzung ins Deutsche, mit der er die Grundlage der Schriftsprache schuf.

Weil das Wetter hält und wir mit unseren Aufnahmen in Dom und Burg unserer Dreherlaubnis gemäß schon mittags

Linke Seite: Der Wladislawsaal im Hradschin

Folgende Doppelseite: Blick vom Wallgarten der Burg auf den Kleinseitner Brückenturm

Der Macha-See

fertig sind, fahren wir an diesem Tag noch an den Macha-See, in die nähere Heimat von Ludek Pachmann. In Jungbunzlau stoßen wir auf die Landstraße und fahren bis nach Weißwasser. Im Geburtsort des Kollegen steigt ein Freund von ihm zu. Pachmann erzählt, daß hier früher die Sprachgrenze verlief. Das nur etwa 500 Meter nordwestlich liegende Dorf war deshalb im Herbst 1938 an Deutschland angegliedert worden. Am 5. Mai 1945 hatte er, aus Prag kommend, hier ein »Revolutionäres Nationalkomitee« mitgegründet, mit dem Weißwasser von der deutschen Besatzung befreit werden sollte. Die sogenannte Revolution verlief unblutig. Die 30 deutschen Gefangenen, die gemacht wurden, ließ man wieder laufen. »Gott sei Dank war das hier anders als in Prag, wo man so viele unschuldige Deutsche massakriert hat«, sagt Pachmann und nennt den Prager Aufstand »eine der absurdesten und unsinnigsten Revolutionen der ganzen Geschichte, weil der Krieg zu dem Zeitpunkt eigentlich schon zu Ende und entschieden war.«

Pachmanns Freund zeigt uns den Weg zu einer Stelle, wo der Blick zur alten Burg Bösig, die für die böhmische Geschichte so bedeutsam war, am schönsten ist.

Über Hirschberg gelangen wir zum schön gelegenen Macha-See, der nach einem tschechischen Dichter benannt ist. Pachmann zitiert aus dem Gedächtnis den Anfang eines Schulaufsatzes über diesen Dichter. Erst in tschechisch und dann in deutsch. Der schwülstige Stil dieser Jugendsünde löst bei allen Heiterkeit aus. Nach dem Abendessen

am See warten wir noch den Untergang der Sonne ab.

Am nächsten Tag geht es Richtung Süden zu der Burg Zvikow (deutsch: Klingenberg). Vorher machen wir Halt in Šimelice, wo unser Kameramann früher die Filmhochschule besucht hat.
Die Burg Zvikow liegt auf einer schmalen Felszunge zwischen den Flüssen Wottawa und Moldau. Wegen ihrer majestätischen Lage wurde sie früher als »Königin der böhmischen Burgen« bezeichnet. Wenzel I. hatte 1234 mit ihrem Bau begonnen. Den schönen Hof mit den doppelten Arkaden wie die anschließende Kapelle mit ihren Fresken hatte Ottokar II. angefügt. Solche doppelgeschossigen Arkaden gab es zu jener Zeit noch nirgendwo sonst in Europa. Das aber kann nicht der Grund sein, daß wir für unsere Aufnahmen hier den dreifachen Preis zahlen müssen als in der besser erhaltenen Burg Karlstein. Dort war die Nutzung einem privaten Verein übergeben worden, hier in Zvikow hält noch der Staat die Hand auf. Unser Kameramann ist über das Ungleichgewicht empört und rät mir, den Preis nicht zu zahlen.

Weiter nach Tabor in die von den Hussiten gegründete Stadt, die zum Zentrum der radikalsten Utraquisten wurde. Ihr genialer Feldherr Jan Žižka brachte den katholischen Truppen eine Niederlage nach der anderen bei. Und er war es auch, der auf den Ausbau der Festung Tabor drängte. Alle Neuankömmlinge mußten für deren Finanzierung ihr gesamtes Barvermögen in Bottiche werfen, die auf dem Stadtplatz

Abendstimmung am Macha-See

Folgende Doppelseite: Die Burg Klingenberg

Rechts: Blick zum Žižka-Platz in Tabor

aufgestellt waren. Die Taboriten waren es, die bis zuletzt kämpften und sich erst 1434 der Übermacht der Habsburger geschlagen geben mußten.

Am regnerischen Sonntag sind wir auf dem Berg Vyšehrad, der sagenhaften Wurzel von Prag. Von der alten Burg sind nur noch spärliche Reste übrig, die heute Phantasienamen tragen wie »Libusas Bad«. Das älteste noch erhaltene Bauwerk auf dem Vyšehrad ist die St.-Martins-Rotunde, die unter Vratislav Ende des 11. Jahrhunderts entstanden ist. Neben der neugotischen St.-Peter-und-Paul-Kirche liegt der Ehrenfriedhof der Tschechen, die nationale Begräbnisstätte für bedeutende Persönlichkeiten. Hier ruhen die Komponisten Antonín Dvořák und Bedřich Smetana. Die Schriftsteller Karel Čapek und Jan Neruda sowie Maler, Bildhauer und Architekten.

Wenige Kilometer südöstlich des Städtchens Raudnitz an der Elbe erhebt sich inmitten fruchtbarer Äcker ein 460 Meter hoher Basaltberg mit einer seltsam flachen Kuppe. Es ist der Řip (deutsch: Georgsberg). Nach der Sage soll hier Tschech, der böhmische Urvater, im Jahre 644 seinem Volk befohlen haben, sich hier niederzulassen.
Wir fahren weiter Richtung Böhmisches Mittelgebirge, dessen Berge immer näher rücken. Halt in Theresienstadt an der großen barocken Festung, die den Namen der Kaiserin Maria Theresia erhielt. 16 000 Mann Besatzung konnte die Stadt aufnehmen, die nie erobert wurde. 1941 siedelte die SS die Bevölkerung um und richtete hier ein Konzentrationslager ein. Ab 1944 war es nur noch eine Durchgangsstelle für den Weitertransport in die Vernichtungslager.
Vor dem Eingang zu der sogenannten Kleinen Festung über der alten Eger

Rechts oben: Der Vyšehrad über der Moldau in Prag

Rechts unten: Die St.-Martins-Rotunde auf dem Vyšehrad

Rechte Seite: Das Grab von Antonín Dvořak auf dem Friedhof von Vyšehrad

DVOŘÁK
1841 – 1904
S CHOTÍ ANNOU
1854 – 1931
A RODINOU

Rechts:
Landschaft bei Raudnitz mit dem Kamm des Böhmischen Mittelgebirges

Unten:
Der sagenumwobene Berg der Tschechen Řip

Links: Gräberfeld in Theresienstadt

Am Zusammenfluß von Moldau und Elbe bei Melnik

Rechte Seite: Stift Melnik

erstreckt sich heute das riesige Gräberfeld der 33 000 in Theresienstadt umgekommenen Juden und Gegner des Faschismus. In der Kleinen Festung, die schon zur Habsburger Zeit als Gefängnis diente, war nach 1914 der serbische Nationalist Gavrilo Prinčip inhaftiert, der mit seinem Attentat auf den österreichischen Thronfolger Erzherzog Franz Ferdinand den Ersten Weltkrieg ausgelöst hatte.

In Melnik filmen wir die Mündung der Moldau in die Elbe. Hoch über Rebhügeln erhebt sich das alte Schloß, das heute wieder in den Besitz der Adelsfamilie Lobkowitz zurückgekehrt ist. Wie früher wird hier Weinbau betrieben. In der Schenke hoch über den beiden Flüssen probieren wir den Weißwein, der Ludmila genannt wird und in einer speziellen, bauchigen Flasche auf den Tisch kommt.

Am nächsten Tag geht unsere Reise Richtung Osten, nach Königgrätz. Anlaß ist die »Schlacht bei Königgrätz«, die 1866 in der Nähe der Stadt ausgefochten wurde und der so große Bedeutung für die weitere deutsche Geschichte und eben auch für Böhmen zukommt.
Zunächst schauen wir uns die Stadt an. Der frühere Markt, der jetzt Žižka Platz heißt, ist von schönen Gebäuden, Kirchen und Türmen umgeben, aber zugeparkt von Autos. Wo sie nicht stehen, ist das Pflaster aufgerissen. Berge von Sand und Steinen türmen sich auf, geschmacklose Laternen. Es fällt wirklich schwer, das Zentrum der alten Stadt angemessen zu filmen, zumal auch noch die Sonne für die Aufnahme der Silhouette der Türme falsch steht. Aber eines Tages wird der Platz nach dieser Generalüberholung wieder fertig sein. Wir fahren zum Schlachtfeld beim Dorf

Silhouette am Marktplatz von Königgrätz

Chlum, finden das kleine Museum und besteigen einen hölzernen Turm, der einen Überblick über das weitläufige Gelände bietet.

Am 3. Juli 1866 standen sich hier mehr als 200000 Mann gegenüber. Auf der einen Seite die Preußen, auf der anderen alle übrigen Staaten des Deutschen Bunds mit Österreich als der Führungsmacht. Es ging um die Vorherrschaft der beiden deutschen Großmächte. Mit der militärischen Entscheidung für Preußen war der Deutsche Bund, der fünf Jahrzehnte bestanden hatte, am Ende. Der Friede von Prag beendete den tausendjährigen staatsrechtlichen Zusammenhalt von Österreich und Deutschland, und besiegelte die endgültige politische Spaltung des deutschen Volkes. Bismarck konnte nun seine kleindeutsche Lösung, ein Kaiserreich ohne Österreich, durchsetzen.

Wir besuchen einige der rund 400 Denkmäler und Grabstätten beider politischer Seiten, die mit ihren deutschen Aufschriften allesamt unbeschädigt dastehen. Im Museum haben wir erfahren, daß die Schlacht von uniformierten Gruppen aus mehreren Ländern in diesem Jahr wieder nachgestellt wurde. Mit der Geschichte des 19. Jahrhunderts scheint es also im Gegensatz zu der des 20. Jahrhunderts keine so großen Berührungsängste mehr zu geben.

Wir finden ganz überraschend das Grab des preußischen Kommandeurs Hiller von Gärtringen, von dem ich eine Anekdote in Erinnerung hatte. Er soll einen zu Tode verwundeten österreichischen General mit den Worten umarmt haben: »Wir sind doch alle Deutsche!« Die Schlacht bei Königgrätz war eben noch ein Kabinettskrieg im alten Stil.

Am vorletzten Drehtag, es ist Mittwoch, der 4. September, soll uns unsere Route bis ins Riesengebirge führen. Vorher geht es über den Kamm des Isergebirges nach Friedland. Das große Schloß, das einem schlesischen protestantischen Adeligen gehörte, übereignete der Kaiser nach der Schlacht am Weißen Berg 1620 seinem Feldherrn Albrecht von Wallenstein. Die Schloßburg, die schon ab 1801 besichtigt werden konnte und damit eines der ältesten Burgmuseen ist, befindet sich auch heute noch in gutem Zustand. Ich muß daran denken, daß es von hier nur dreißig Kilometer in meine Heimatstadt Görlitz sind und daß ich diese imposante Burg erst heute zum erstenmal sehe.

Noch zwei Dörfer weiter Richtung Grenze, in den ehemals deutschen Orten fallen leerstehende, verfallene Gehöfte auf, aber auch schmucke Fachwerkhäuser: die typischen sogenannten »Umgebindehäuser« der Oberlausitz, die drüben auf deutscher und polnischer Seite ebenso zu finden sind. Das alles zeigt, wie willkürlich die Grenzen gezogen wurden und die Deutschen, die früher in diesem Gebiet alle Nachbarn waren, die Leidtragenden sind.

Unser Weg führt wieder zurück nach Süden. Wir fahren auf den Jeschken, der mit 1012 Metern die höchste Erhebung des gleichnamigen Gebirges ist. Von hier reicht der Blick weit in das Land hinein. Unter uns liegt die Stadt Reichenberg mit ihren rund 100 000 Einwohnern, die nun tschechisch Liberec heißt. Ich erinnere mich an eine frühere Kollegin, die aus dieser Gegend kam und den gleichen Dialekt sprach wie in meiner Heimat üblich. Die Neiße, die hier fließt, führt zu meinem Geburtsort. Welche Nähe – welche Verbindung. Wir besuchen das Zentrum der früher so reichen Stadt. Das riesige Rathaus gibt davon Zeugnis, ebenso wie das Theatergebäude.

Ein Denkmal auf dem Schlachtfeld bei Königgrätz

*Unten:
Denkmal von
Albrecht von
Wallenstein
im Schloßhof*

Schloß Friedland

Rechts oben: Verfallenes Gehöft im Isergebirge

Rechts unten: Der Gipfel des Jeschken

Rechte Seite oben: Das Rathaus von Reichenberg am ehemaligen Altstädter-Platz

Rechte Seite unten: Das Stadttheater von Reichenberg

Folgende Doppelseite: Im Riesengebirge

DFXS UZAVŘENO !!!
od 1.6. do 30.9.96
REAL
VLAKY

Rechts: Blick auf den Kamm des Riesengebirges von Spindelmühle aus

Wir fahren weiter ins Riesengebirge hinein, in das sagenhafte Reich von Rübezahl, dem Berggeist, der den Menschen hilft, sie aber auch neckt. Durch die bekannte Schmuckstadt Gablonz an der Neiße geht die Fahrt weiter nach Tannwald. Der Böhmische Kamm des Riesengebirges rückt immer näher, und die typischen hübschen Streifenhäuser der Gegend sind immer öfter zu sehen. Harrachsdorf ist der letzte Ort vor der tschechisch-polnischen Grenze. Hier führt die Straße über den Hauptkamm des Gebirges ins schlesische Schreiberhau. Wie leicht könnten wir von hier in die Heimat meiner Eltern fahren, wo wir im letzten Sommer für den Schlesienfilm gedreht haben! Aber jetzt heißt unser Thema »Böhmen und Mähren«, und wir wollen die Schneekoppe, den höchsten Berg mit 1602 Metern, von dieser Seite aus filmen.
Zurück geht es bis Rochlitz an der Iser, über kleine Straßen weiter nach Spindelmühle. Ein Stück weiter die Elbe entlang, die hier nur wenige Kilometer entfernt ihren Ursprung hat, dann soll bald ein Blick zur Schneekoppe möglich sein. Aber auf dieser Seite ist das nicht so einfach wie in Schlesien, wo der Hauptkamm frei sichtbar zur Ebene liegt. Hier verhindert der Böhmische Kamm die freie Sicht. Wir halten und filmen. Soll das die Schneekoppe sein? Ich kenne doch ihre Kuppe. Später erfahren wir, daß es der Hochwiesenberg war, der davor liegt. Wären wir nur eine Kurve weiter gefahren, hätten wir die Schneekoppe gesehen.

Am letzten Drehtag in Prag machen wir noch zwei Interviews. In dem ehrwürdigen Gebäude der Karlsuniversität haben wir einen Termin mit dem Direktor des Instituts für mitteleuropäische Kultur und Politik, Dr. Rudolf Kučera. Zunächst stellen wir Fragen zur Gründung der Universität durch Karl IV. und

Typisches Streifenhaus der Region

deren Gliederung, dann über die europäische Bedeutung des Kaisers. Zum Schluß geht es um das Verhältnis von Tschechen und Deutschen heute.

»Ich denke, daß die Beziehungen zwischen Tschechen und Deutschen, zwischen den Menschen auf der Ebene der alltäglichen Kommunikation sehr gut sind«, sagt er. »Die größten Probleme sehe ich in dem Verhältnis zwischen den politischen Vertretungen und auch einer bestimmten Gruppe von Intellektuellen auf beiden Seiten. Ich meine, daß das eine Sache ist, die schnellstmöglich überwunden und verbessert werden muß. Ich glaube aber nicht, daß dies irgendeine gemeinsame Deklaration beider Regierungen zustande bringen wird. Die Aufgabe ist anspruchsvoller, umfangreicher und längerfristiger.«

Zwei Stunden später sind wir im Erzbischöflichen Palais am Hradschiner Platz bei Kardinal Vlk zu Besuch. Wir fragen ihn nach seinem Urteil über den heiligen Wenzel, über Jan Hus und nach seiner Meinung über die Rolle der »Schlacht am Weißen Berg« für die tschechische Geschichte. Dann kommen wir auch hier auf das tschechisch-deutsche Verhältnis zu sprechen.

»Wird es uns gemeinsam gelingen, die tatsächliche historische Wahrheit zu enthüllen? Werden wir einen freundschaftlichen Weg in die Zukunft finden?«

»Ich würde die Fragen in umgekehrter Reihenfolge stellen, weil ich davon ausgehe, daß es zuallererst darum geht, Partnerschaft und Freundschaft zu finden. Wenn die Menschen Freunde werden, sind sie bei weitem fähiger, auch die Wahrheit zu finden. Zuerst muß sich also das Verhältnis bessern. Ich meine, daß wir zu einer Annäherung mehr persönliche Beziehungen brauchen, das heißt Kontakte, Zusammenarbeit, Jugendtreffs, regionale Begegnungen.«

»Wie ist Ihre Haltung zur Vertreibung der Deutschen nach dem Zweiten Weltkrieg?« fragen wir.

»Zu der Wahrheit gehören auch die Einsicht und die Anerkennung, daß, bevor die Deutschen vertrieben worden sind, schon Unrecht im Nationalsozialismus geschehen ist. Ich würde aber nicht an erster Stelle Wahrheit, sondern gute Beziehungen und Vergebung suchen. Mit der Bereitschaft dazu werden wir auch die Wahrheit finden, weil wir dann fähig sein werden zu sehen, daß es nicht nur auf unserer Seite eine Wahrheit gibt, daß nicht nur uns Schaden zugefügt worden ist, sondern auch den anderen. Auf diese Weise kann man den Weg finden.«

MÄHREN UND SCHLESIEN

Große Reise im September 1996

Wir sind mit unserem Team wieder in Prag. Es ist Mittwoch der 18. September, und wir beginnen unseren zweiten großen Dreh, der uns vor allem nach Mähren führen soll. Aber drei Tage machen wir noch Station in der böhmischen Hauptstadt. Wir müssen noch unseren Autoren-Aufsager für den Filmanfang erledigen und wollen noch einmal von hier aus ins Riesengebirge starten, um die Schneekoppe zu »erwischen«.

Gestern abend habe ich meine Kollegen mit der Nachricht überraschen können, daß ich für den Film »Schlesien – Brücke in Europa« am 18. Oktober im Münchner Nationaltheater den »Bayerischen Fernsehpreis 1996« zusammen mit meinem polnischen Koautor Andrzej Falber bekomme. Ich hatte dies erst am Vortag erfahren. Meine Freude darüber war noch ganz frisch, und ich kann es eigentlich noch immer nicht recht fassen. Auch meine Kollegen waren über diese bevorstehende Auszeichnung erfreut. Alle hatten die beiden Sendungen gesehen und fanden sie gelungen.

»Damit ist auch unsere Konzeption erfolgreich«, hatte ich gestern in unserem Gespräch zusammengefaßt, »zwei Autoren zweier Länder zeigen die gemeinsame Geschichte einer Region.«

Wir sind auf der Karlsbrücke und haben alles für die Aufnahme unseres Aufsagers vorbereitet. Es fehlt nur noch, daß die Sonne hinter den weißen Wolken hervorkommt und wenigstens für 40 Sekunden durchhält, denn so lang ist der Text, den wir unter uns aufgeteilt haben. Es ist noch früher Morgen, aber es sind schon viele Touristen auf der einmaligen Brücke mit ihrem grandiosen Ausblick über die Moldau und die beiden Seiten der Stadt. Manche bleiben stehen und kommentieren unser Vorhaben. Der Kameraassistent blinzelt zum Himmel. Ein großes Wolkenloch kündigt sich an.

Jetzt ist die Sonne voll da. Ludek Pachmann beginnt auf tschechisch: »In Böhmen und Mähren – im Herzen Europas – haben Tschechen und Deutsche jahrhundertelang zusammengelebt. Nach dem Zweiten Weltkrieg wurden die Deutschen aus ihrer Heimat vertrieben.«

Dann ergänze ich auf deutsch: »Die Last der Geschichte wiegt schwer. Aber die Zukunft braucht die Versöhnung der beiden Völker, die nur auf dem Boden der vollen Wahrheit gedeihen kann.«

»Auf dem Weg zu einem vereinten Europa sollte gerade Tschechien nicht zurückbleiben, wo Prag schon einmal als Kaiserresidenz die Hauptstadt Europas war«, ergänzt Pachmann.

Zum Schluß fasse ich unser Vorhaben zusammen: »Gemeinsam wollen wir Böhmen und Mähren bereisen und die Geschichte der Tschechen und Deutschen im Herzen Europas zeigen – ohne Tabus, das, was war, und das, was ist.«

Am Nachmittag interviewen wir in der Kirche Sankt Martin in der Mauer, die zu den ältesten Prags gehört, Pavel Smetana, den Senior der Evangelischen Kirche der Böhmischen Brüder. In dem Gotteshaus hatte einst Jan Hus gepredigt, hier wurde im Jahre 1414 zum ersten Mal das Abendmahl in beiderlei Gestalt gereicht. Neben der Hostie erhielten die gläubigen Laien nun auch den Wein, was bisher dem Klerus vorbehalten war. Ein Kernpunkt der Reformation der Kirche.

Nach einigen Fragen über Jan Hus und Jan Comenius, dem letzten Prager Bischof der Brüdergemeinde, der im Exil seine bedeutsame Reformpädagogik schuf, kommen wir auf das Verhältnis zwischen Tschechen und Deutschen, früher und heute, zu sprechen. Seine Kirche hat eine mutige Erklärung zu diesem Thema formuliert.

»Wir wollten als Vertreter des tschechischen Volkes, das sich immer nur als Opfer fühlt, sagen, daß auch unsere Weste nicht rein ist. Die Aussiedlung eines ganzen Volkes, einer gewaltigen Anzahl von Menschen aus der Heimat, in der die Familien schon Jahrhunderte lebten, ist eine schreckliche Tat der Rache und Vergeltung. Und was uns am meisten schmerzte, daß noch nicht einmal die Christen in dieser Zeit Kraft und Mut hatten, sich gegen diesen Akt aufzulehnen. Durch diese Erklärung haben wir Christen unsere Sehnsucht nach gegenseitigem Händegeben ausgedrückt, nach gegenseitiger Vergebung und nach der Suche eines Weges zur Versöhnung. Und ich hoffe, daß wir als zwei Völker, die zusammen mit dem gemeinsamen Erbe leben wollen, in das vereinte Europa eintreten und so die Entwicklung des gesamten Europas und der gesamten Menschheit befruchten werden.«

Am Ende dieses langen Interviews äußert sich Ludek Pachmann erfreut. »So gut und so mutig habe ich noch keinen Tschechen reden hören. Hier wird die Vergangenheit nicht mehr verdrängt, sondern hier bekennt man sich zu den eigenen Fehlern. Nur das ist der richtige Weg, der weiterhelfen kann.«

Der letzte Tag in Prag, die letzte Chance, die Schneekoppe zu filmen. Das Wetter ist heiter, am Himmel sind nur wenige Wolken zu sehen. In Mladá Boleslav (Jungbunzlau) verlassen wir die Autobahn. Links von der Landstraße nach Jitschin liegt das sogenannte »Böhmische Paradies«. Wir sehen in der Ferne inmitten der hügeligen Kuppenlandschaft die berühmte Burg Kost. Weiter geht es über Neu Paka, Arnau und Johannisbad in den Nationalpark Riesengebirge. Herrliche Ausblicke bieten sich uns, vorbei an Kirchen und Schlössern.

Wir sind in Petzer. Es ist der Ort, der auf böhmischer Seite der Schneekoppe am nächsten liegt. Von hier aus führt ein Lift in zwei Etappen auf den so begehrten Berg. Ich schlage vor, sofort hochzufahren, um das Wetter auszunutzen, denn immer dichtere Wolken schieben sich am Himmel zusammen. Aber der Kameramann, der sich hier auskennt, rät davon ab. »Da sind wir dann zwar oben, aber das ist kein Bild von der Schneekoppe. Das bringt nichts.«

Wir fahren zur Bergwacht des Nationalparks und lassen uns von zwei Männern beraten, von welcher Stelle aus wir eine gute Aussicht auf den Berg bekommen. Die Wiesenbaude wäre am schönsten, sagt man uns, aber der Weg dahin sei schon zu stark vereist und gefährlich. Wir sollten besser auf den schwarzen Berg fahren. Wir bezahlen die Sondergebühr für unsere beiden Autos und fahren über Johannisbad auf den empfohlenen Berg. Je höher wir kommen, desto dichter werden die Wolken, und als wir schließlich oben auf dem Gipfelplateau angekommen sind, versperren rundum graue Wände den Blick.

»Die Sonne kann wieder kommen!« Wir Optimisten machen uns gegenseitig Mut und nutzen die Zeit des Wartens

für ein Mittagessen. Im Restaurant des Hotels »Černa Bouda«, was übersetzt »Schwarze Baude« bedeutet, treffen wir neben Tschechen auch viele deutsche Gäste an. Wir hören verschiedene Dialekte, wobei der sächsische überwiegt. »Gestern war hier eine großartige Fernsicht«, berichtet ein Mann. »Da war der ganze Kamm mit der Schneekoppe herrlich zu sehen. Da hätten Sie hier sein sollen.«
Wir bestellen etwas zu essen. Der Kellner spricht gut deutsch. Der ältere Mann, der uns an der Rezeption schon so freundlich auf Deutsch begrüßt hatte, kommt an unseren Tisch. Er macht uns Mut wegen des Wetters. Ich frage ihn, warum es zum Nachtisch keine Blaubeeren gäbe, wo doch die Sträucher hier auf dem Berge voll davon hängen. Kurze Zeit später ist der Tscheche, der früher – wie er uns erzählt – in der Bundesrepublik gearbeitet hat, mit einer Kanne Blaubeeren und blau verfärbten Händen wieder zurück. »Jetzt können Sie welche essen.«
Wir sind über dieses unerwartete Bemühen um uns ganz gerührt. »Da soll noch einer behaupten, das tschechisch-deutsche Verhältnis sei nicht gut!« sage ich. »Herzlichen Dank. Das ist wirklich eine große Überraschung.«
Nach einem längeren Gespräch in den gemütlichen Sesseln gegenüber der Rezeption über die Besonderheiten des beeindruckenden Gebirges, über Klima, Fauna und Flora, gibt es neue Hoffnung auf eine Wetterbesserung. Wir gehen in die Kühle nach draußen. Die Kollegen postieren die Kamera in die Richtung, wo die Schneekoppe erscheinen soll.
Eine Stunde später sind wir auf dem Hauptplatz des kleinen Städtchens Trautenau, das auch »Tor zum Riesengebirge« genannt wird. Die freundlich restaurierten Häuser am Ring haben fast alle die typischen Lauben. In der

Der Marktplatz von Trautenau, dem Tor zum Riesengebirge

Deutsches Grab auf dem Friedhof von Groß-Bock, von dem die Buchstaben entfernt wurden

Mitte sprudelt ein Brunnen mit der passenden Figur von Rübezahl. Die Dreifaltigkeitssäule erhebt sich auf dem Platz dazu in frommer Konkurrenz. Die Schneekoppe haben wir doch nicht mehr gesehen. Die Wolken waren wieder dichter geworden, und gegen 16 Uhr hatten wir schließlich das lange Warten aufgegeben. Was für eine Enttäuschung! Auch unser zweiter Anlauf war mißglückt. Nun wird es unsere Filme also ohne diesen geliebten Gipfel geben. Denn einen erneuten Nachdreh durch einen anderen Kameramann verbietet die Berufsehre von Danny Och.

Auf der Rückfahrt halten wir in dem Dorf Groß-Bock in der Nähe von Königinhof. Von hier stammen die Vorfahren von Dannys Frau. Auf dem Friedhof zeigt er uns das Grab der Großmutter. Die deutschen Buchstaben auf dem Stein sind entfernt worden, nur das Metallkreuz der früheren Beschriftung ist noch unversehrt.
»Der Großvater meiner Frau ist hier nicht bestattet«, sagt er ernst, »den haben sie, als die Deutschen von hier fortgejagt wurden, erschlagen und dann an einem Wiesenrand verscharrt.«
Ich wußte von den vielen Opfern der Vertreibung, aber durch seine Erzählung wurde das entsetzliche Schicksal der Menschen, die ihr Leben, ihre Heimat und ihre Habe verloren, plötzlich ganz deutlich. Obwohl mich mit diesem Ort keine Erinnerung verbindet, sehe ich in der herbstlichen Spätnachmit-

Dorfszene in Groß-Bock

Das Schloß in Kremsier

tagssonne die früheren Bewohner vor mir, wie sie gewaltsam von hier fortgetrieben werden. Was ist und bleibt Vertreibung für ein Unrecht und Verbrechen!

Unser Dreh in Mähren beginnt in Kremsier (Kroměříž). Weil in Brünn noch Messe ist, sind wir für eine Übernachtung hierher ausgewichen. Die kleine Stadt mit ihren 30 000 Einwohnern war früher die Sommerresidenz der reichen Erzbischöfe von Olmütz. Das große barocke Schloß neben dem Marktplatz zeugt noch heute davon. Wir haben eine Drehgenehmigung für den sogenannten Reichstagssaal, dem üppig ausgestatteten Prunkstück der Anlage. Hierher war im Revolutionsjahr 1848 der Reichstag von Wien verlegt worden. Die Zeit für eine föderalistische Verfassung schien damals reif. Im Entwurf von Kremsier wurde das Prinzip der Gleichberechtigung aller Völker der Donaumonarchie festgelegt. Doch ihr neuer Ministerpräsident und Metternich-Nachfolger Felix Fürst zu Schwarzenberg ließ im März 1849 den »revolutionären« Kremsierer Reichstag mit Gewalt auflösen. Die Chance für eine Lösung der bedeutsamen Nationalitätenfrage war damit vereitelt.
Heute erfahren wir, daß im Schloß zahlreiche Szenen für Milos Formans berühmten Mozart-Film »Amadeus« gedreht wurden. Man führt uns in die so bedeutende Gemäldegalerie mit den unschätzbaren Meisterwerken von Tizian,

Folgende Doppelseite: Im Blumengarten von Kremsier

Mährische Galerie in Brünn. In dem Haus befindet sich auch das deutsch-tschechische Begegnungszentrum

Veronese, Cranach, van Dyck und anderen Malern. Außerdem besitzt das Schloß auch noch die nach dem Vatikan zweitgrößte Münzsammlung der Welt. Doch wir haben keine Zeit, all diese Schätze zu betrachten.
Nach den Filmaufnahmen vom Park hinter dem Schloß mit seinem großem Teich, in dem sich Gebäude und Turm silbrig spiegeln, fahren wir zu der zweiten großen Gartenanlage der früheren Sommerresidenz. 244 Meter mißt die mit antiken Götterstatuen geschmückte Arkadengalerie.

Am nächsten Tag erreichen wir nun endlich die mährische Metropole Brünn. Es ist Sonntag, der 22. September, das Wetter ist entsetzlich. Seit gestern abend in Kremsier regnet es ohne Unterlaß. Wir beschließen deshalb, auf eine Stadtbesichtigung vorerst zu verzichten, und besuchen nach telefonischer Anmeldung eine deutsche Brünnerin im Begegnungszentrum der Stadt, das in der Mährischen Galerie untergebracht ist. Mit Dora Müller, die uns der Chefredakteur des *Prager Wochenblatts,* Felix Seebauer, empfohlen hatte, kommen wir schnell in ein lebhaftes und interessantes Gespräch. Als Antifaschistin konnte die 1920 geborene Deutsche mit Hilfe von Tschechen in ihrer Heimat bleiben. Aber die Benesch-Dekrete aberkannten auch ihr den Hochschulabschluß und belegten sie mit einem Berufsverbot. Dieses Jahr erhielt sie die Goethe-Medaille, in der

Verleihungsurkunde heißt es: »Über viele Jahre hinweg leisteten Sie wertvolle Kultur- und Versöhnungsarbeit zwischen Tschechen und Deutschen.«
Wir kommen auf die neuen Denkmäler zu sprechen, die an die Vertreibung der Brünner Deutschen erinnern, und auf das Verhältnis zwischen Tschechen und Deutschen früher und heute.
»Kollektivschuld«, sagt sie ernst, »egal für welche Gruppe, ist für mich nicht akzeptabel. Das müssen die tschechischen Politiker noch lernen.« Die Benesch-Dekrete dürften nicht weiter Geltung haben, sie müßten im nachhinein aufgehoben werden.
»Warum haben so viele Tschechen noch immer Angst vor den Deutschen?« fragt Danny Och.
»Weil sich das Volk noch immer von negativen Stimmen verführen läßt. Viele haben sich auch selbst an deutschem Eigentum bereichert und deshalb ein schlechtes Gewissen, das sie kompensieren müssen. Aber mit der richtigen Tonart und der Wahrheit kann man zur Verbesserung des tschechisch-deutschen Verhältnisses beitragen.«

Am nächsten Tag drehen wir in Brünn, obwohl wir trübes Wetter haben. Wenigstens regnet es nicht. Vom Spielberg aus, den eine riesige Festung bedeckt, können wir fast die gesamte Stadt mit ihren 400 000 Einwohnern überblicken. Die mährische Metropole hat auch ihre Reize. Aber im Vergleich zu Prag fehlt das Flair der breiten Moldau mit ihren vielen Brücken. Brünn gibt sich spröder.
Der Dom St. Peter und Paul, der mit seinen beiden Türmen die Stadtsilhouette beherrscht, ist im wesentlichen ein Bau der Neugotik. In der schönen, spätgotischen Hallenkirche St. Jakob mit ihren drei gleichhohen Schiffen erinnert seit einigen Jahren eine Tafel an den Brünner Todesmarsch.
Im Landtagsgebäude von Brünn kam es 1905 zum sogenannten mährischen Ausgleich, der Tschechen und Deutschen den Erhalt ihres nationalen Besitzstandes sichern sollte. Die Bevölkerung wurde in einem Kataster nach ihrer Volkszugehörigkeit erfaßt, und es wurden nach Nationen getrennte Wahlen abgehalten, so daß es in jedem

Das Landtagsgebäude in Brünn

Schlesisches Museum in Troppau

territorialen Wahlkreis einen deutschen und einen tschechischen Wahlkreis gab. Die Schulverwaltungen wurden ebenfalls nach dem Grundsatz der nationalen Selbstverwaltung getrennt. Die Gefahr, daß eine Volksgruppe die andere verdrängt, war auf diese Weise gebannt. Auf Böhmen ließ sich das Prinzip des mährischen Ausgleichs nicht übertragen, weil hier die nationalen Gegensätze schärfer waren und sich immer mehr verhärteten.

Am nächsten Tag fahren wir nach Troppau in die ehemalige Landeshauptstadt von Österreichisch-Schlesien, obwohl es in Strömen gießt. Aber wir müssen unbedingt auch den schlesischen Teil von Tschechien filmen, weil wir sonst der Dreiteilung des Landes in Böhmen, Mähren und Schlesien nicht gerecht würden. Außerdem habe ich selbst als gebürtiger Schlesier, wenn auch auf preußischer Seite, ein starkes Interesse an diesem Landstrich.

Das heutige Opava hat 70 000 Einwohner. Im Zweiten Weltkrieg wurden der Stadt, in der vier Wochen lang heftig gekämpft wurde, schwere Schäden zugefügt, ein Schicksal, das noch heute zu sehen ist: Unpassende Neubauten finden sich inmitten der alten schönen Bausubstanz.

Während unsere Kollegen den Oberen Platz mit dem Rathaus und dem Schlesischen Theater drehen, besuche ich mit Ludek Pachmann den Primator, den Bürgermeister der Stadt. »Wenn Sie in Troppau sind, müssen Sie unbedingt bei Dr. Mrazek, dem Primator, reinschauen!« Das hatte mir unser Fachberater Professor Menzel nahegelegt, der

Das Schlesische Theater in Troppau

hier vor wenigen Wochen an einer gemeinsamen Tagung der Region Troppau und des polnischen Nachbarkreises Ratibor teilgenommen hatte.
Dr. Mrazek, der gut Deutsch spricht, freut sich über die Grüße, die ich von Professor Menzel mitbringe. Er lobt den Geist der wichtigen Tagung über die »Geschichte und die Perspektiven der Grenzregionen in einem vereinten Europa«, und wir unterhalten uns über das frühere Zusammenleben von Tschechen und Deutschen in diesem Teil Schlesiens.
»Die Menschen hier waren in erster Linie Schlesier«, sagt der Primator. »Sie waren zweisprachig. Sie waren Deutsche und waren Tschechen.« Er erzählt stolz von der neugegründeten »Schlesischen Universität« hier in Opava und daß der Papst ihre Propsteipfarrkirche in den Rang einer Kathedrale erhoben hat. Zusammen mit allen Kollegen und dem Primator gehen wir in ein nahegelegenes Restaurant in der Nähe essen. Hier erzählt er uns, daß er für den Senat kandidiert, Anlaß für Ludek Pachmann, Danny Och und Jiři Radek, über die tschechische Parteienlandschaft zu diskutieren. Zu schaffen macht dem Primator ein Konkurrent, der mit deutschfeindlichen Äußerungen auf Stimmenfang geht.
»Das ist leider in Tschechien so. Das zeigt, daß wir noch einen weiten Weg vor uns haben«, sagt Ludek Pachmann und erzählt dem Primator vom Scheitern unserer Zusammenarbeit mit dem tschechischen Fernsehen.
»Das ist sehr schade. Ein gemeinsamer Film, das hätte Zeichen gesetzt«, kommentiert Dr. Mrazek.

Rechts: Gedenkstein an den Todesmarsch von Brünn

Auf der Rückfahrt noch ein kurzer Halt auf dem hübschen Marktplatz von Fulnek im sogenannten Kuhländchen. Zu Beginn des 17. Jahrhunderts entstand hier das Zentrum der »Böhmischen Brüdergemeinde«. Drei Jahre lang predigte Johann Amos Comenius in Fulnek, bevor er ihr Bischof wurde. Während wir die Geschichte des Ortes im Reiseführer nachlesen, spricht uns eine ältere Frau an. In perfektem Deutsch erzählt sie uns ihre Geschichte. Sie wurde nicht vertrieben, sondern konnte hier bleiben, weil sie mit einem Tschechen verheiratet war.
Trotz der schlimmen Zeiten nach dem Krieg sei sie immer dankbar gewesen, daß sie in der Heimat bleiben konnte.

Am nächsten Tag interviewen wir Frau Ingeborg Neumeyer, die als 15jährige den Brünner Todesmarsch miterlebt hatte und heute im bayrischen Landsberg wohnt. Wir stehen im sogenannten Mendelgarten neben dem Denkmal, das vor einem Jahr aufgestellt wurde und an das grausame Geschehen von vor fünfzig Jahren erinnert. Hier auf dem Platz vor dem Augustinerkloster, in dem der Abt Gregor Mendel Ende des 19. Jahrhunderts die Vererbungsregeln, die »Mendelschen Gesetze«, entdeckt hatte, mußten sich die Brünner Deutschen vor ihrer Vertreibung aus der Stadt versammeln.
»Am Abend des 30. Mai 1945 hörten wir plötzlich ein Klopfen an der Tür und tschechische Schreie. Die Mutter öffnete, und da kamen vier Bewaffnete, und die haben uns befohlen, innerhalb von zehn Minuten die Wohnung zu verlassen.« Sie schildert den Marsch von ihrem Haus zum Sammelplatz und die Etappen des Zugs zur 50 Kilometer entfernten österreichischen Grenze. »Es gab nichts zu essen und zu trinken… in Porlitz hat man die Menschen, die nicht mehr weiter konnten, in vier Getreidesilos hineingetrieben. Nachts kamen die Russen, die die Frauen vergewaltigten… Neben uns lag eine Mutter mit fünf kleinen Kindern, und morgens war sie tot. Das kleinste ist auf der Toten rumgekrabbelt und hat gebrüllt. Die anderen Kinder haben geschrien. Es war furchtbar… Die Menschen starben an der Ruhr. Draußen stand ein Leiterwagen, und dann haben wir die vielen Toten einfach so raufgehoben.«
Sie erzählt, wie ihre Mutter, sie und ihre Geschwister mit Hilfe eines Tschechen

Deutsche Inschrift am Gedenkstein

aus dem Lager fliehen konnten, daß sie aber die Großeltern zurücklassen mußten, weil sie nicht mehr laufen konnten. Im Lager sind sie wenige Tage später gestorben. »Es muß für meine Mutter grauenhaft gewesen sein, die kranken alten Eltern zurückzulassen.«
Von den rund 30 000 Brünnern, die aus der Stadt getrieben wurden, kamen mehrere tausend elendig um. Daß nun Gedenksteine an die Toten erinnern, dafür ist Frau Neumeyer dankbar. Aber sie empört sich darüber, daß so wenig darüber gesprochen wird. »Da fahren deutsche Reisebusse hierher, und denen wird jede Kirche erklärt, jedes Gebäude. Aber daß hier mal Deutsche gelebt haben und was da 1945 passiert ist, darüber spricht kein Mensch.«

Am nächsten Morgen haben wir einen Interviewtermin mit Prof. Frantisek Mezihorak, dem Vizepräsidenten der Universität Olmütz. Ludek Pachmann kannte ihn von mehreren Tagungen und Veranstaltungen. Die deutsch-tschechischen Beziehungen in Geschichte, Gegenwart und Zukunft sind sein großes Thema. Auf einem großen Tisch in seinem Rektorat liegen viele Dokumente, die seine Arbeit belegen: Zeitungsartikel, Fotos, Vorträge und Publikationen. Für das Interview legt der Historiker sogar seine Amtskette um.
»Ich habe beim Studium der Dokumente festgestellt, daß es vor allem Deutsche, Tschechen und Franzosen waren, die auf beachtenswerte Art und Weise zum Aufbau und Erhalt der europäischen Idee beigetragen haben. Ich selbst bin ein überzeugter Anhänger der europäischen Einheit«, sagt er zu Beginn. »Ich spreche oft davon, daß es notwendig ist, einen Menschen des Typs ›homo europaeus‹ zu erziehen, weil nur Menschen mit europäischer Gesinnung und Gesittung im nächsten Jahrhundert Stabilität gewährleisten

Tafel des Gedenkkreuzes auf der Straße nach Nikolsburg

und Katastrophen verhüten können, die Europa ansonsten drohen.«
Er erzählt von der Zusammenarbeit, die sich zwischen den Tschechen und Deutschen, den heutigen und ehemaligen Bürgern von Olmütz, sehr positiv entwickelt hat, von den vielfältigen Kontakten zwischen Olmütz und der Stadt Nördlingen, wo ein Großteil der früheren Bewohner heute lebt. »In dieser Hinsicht wage ich es, optimistisch zu sein, weil eine pessimistische Einstellung, eine Versöhnung erst im nächsten Jahrhundert zum Schaden von Europa wäre. Ich bin fest davon überzeugt, daß es keine andere positive Alternative dazu gibt.«
Nach dem Interview wird in heiterer Atmosphäre mit Becherovka und Sliwowitz auf das Wohl von Tschechen und Deutschen, auf ein vereinigtes, friedliches Europa angestoßen. Hinzugekommen in die Runde sind der frühere Primator von Olmütz, der auch an der Universität lehrt, ein Ordensbruder eines Klosters, in dem wir anschließend drehen werden, um die finanzielle Unterstützung durch Deutsche zu dokumentieren, und ein freier Mitarbeiter des *Prager Wochenblatts*, der uns die Stadt zeigen will.

Rechte Seite: Der Dom in Olmütz

Es regnet nicht mehr. Aber über dem Obermarkt mit dem prächtigen Rathaus und der monumentalen Dreifaltigkeitssäule drohen noch immer schwarze Wolken. Was haben wir in Mähren im Gegensatz zu Böhmen nur für schlimmes Wetter. Die Optik der elektronischen Kamera hellt zwar die Szenen etwas auf, aber für meine Farbfotos sehe ich schwarz. Dabei ist Olmütz eine schöne, geschichtsträchtige Stadt mit vielen sehenswerten Gebäuden. Die Hauptstadt des großen Erzbistums wird zu Recht auch »mährisches Salzburg« genannt. Wir laufen durch alte pittoreske Gassen. Als wir beim Dom ankommen, brechen zum ersten Mal einige Sonnenstrahlen hervor. Wir machen noch einen Abstecher zum »Heiligen Berg«, der acht Kilometer von der Stadt entfernt liegt. Über der Ebene erhebt sich die große Wallfahrtskirche Maria Heimsuchung – eine Sinfonie in Barock.

Am nächsten Morgen beginnen wir unsere Heimreise nach Deutschland. In München und Regensburg haben wir noch einige wichtige Interviews mit Zeitzeugen und Fachleuten verabredet. Am letzten Tag in Tschechien herrscht plötzlich strahlender Sonnenschein, den wir bei unserer Fahrt quer durchs Land noch für gute Bilder nutzen wollen. Über Znaim, wo wir uns mit den berühmten kleinen Gewürzgurken eindecken, geht es weiter durch die hügelige und heitere südmährische Landschaft. Schöne Motive. Verträumte Dörfer. Telefonleitungen umsäumen die Straßen wie früher bei uns.

Folgende Doppelseite: Wallfahrtskirche auf dem »Heiligen Berg« bei Olmütz

Dann sind wir in Teltsch, das in unseren Reiseführern so gelobt wird. »Die schönste mittelalterliche Stadt der Tschechischen Republik, eine ›Stadt wie im Märchen‹«, steht da. »Ich möchte wetten, daß es bei uns keinen schöneren Marktplatz als den in Teltsch gibt«, wird der Schriftsteller Karel Čapek zitiert: »Er ist sehr lang, von Toren abgeschlossen und ringsum von Laubengängen gesäumt. Jedes Haus hat einen hohen Giebel mit schönen Konturen und mit Stuck und ist rosa oder blau oder weiß angestrichen, und das alles ist altertümlich sauber und friedlich.«
Schon der Anblick der Silhouette der kleinen Stadt, die sich im Wasser vor ihren Toren spiegelt, ist ein Genuß, der weitere optische Freuden verheißt. Durchs Obertor, vorbei am sogenannten Pfingstenturm, der hoch in den tiefblauen Himmel ragt, kommen wir auf den großen Platz, der bei diesem Wetter mit seinen Farben in der Sonne glänzt. Dieses Städtchen ist ein Schmuckstück, ein mittelalterliches Kleinod, etwas Einmaliges, unvergleichbar wie das große Prag.
Die Kollegen der Kamera und ich mit meinem Fotoapparat toben uns an den Motiven und dem herrlichen Licht aus. Nicht einmal in der tschechischen Hauptstadt haben wir so schnell Kassetten und Patronen mit Aufnahmen gefüllt. Am Ende des schimmernden Platzes dann rechts das vielgestaltige Renaissanceschloß mit seinen schönen Innenhöfen, links davon die Sankt-Jakobs-Kirche mit ihrem spätgotischen Turm. Alles paßt zusammen, fügt sich ineinander. Bauliche Harmonie wie selten. Ein Juwel ist auch die Allerheiligenkapelle mit ihrem Stuck und dem von einem Ziergitter umgebenen Marmorgrab der früheren Schloßbesitzer. Was bin ich froh darüber, daß wir wenigstens einen Sonnentag in Mähren hatten. Es war heute unsere letzte Chance.

Von Teltsch sind es nur etwa 30 Kilometer bis nach Königseck, wohin es mich bei Kriegsende mit meiner Mutter und meinen beiden Schwestern verschlagen hatte. Offiziere der deutschen

Oben:
Bauernhof in Südmähren

Links:
Windmühle in Südmähren

Linke Seite:
Straße in Südmähren

Folgende Doppelseite:
Teltsch

*Der Markt-
platz in
Teltsch*

*Rechts oben:
Eingang
zum Teltscher
Schloß. Links
die St.-Jakob-
Pfarrkirche*

*Rechts unten:
Wasserpumpe
auf dem
Markt von
Teltsch*

UŽITKOVÁ VODA
NOT FOR DRINKING
KEIN TRINKWASSER

Oben:
Eine Häuserreihe auf dem Markt von Teltsch

Rechte Seite:
Der heilige Nepomuk auf der Brücke von Teltsch

Wehrmacht, die in unserem Haus einquartiert waren, hatten uns im Januar 1945 bei ihrem Rückzug vor der heranrückenden Roten Armee auf einem Lastwagen in die Gegend von Zittau mitgenommen. Von dort aus waren wir mit der Bahn nach Böhmen und weiter nach Südmähren gelangt, in Gebiete, in denen, anders als in der Heimat, nicht gekämpft wurde. In dem kleinen Städtchen Kunžak, wie der Ort auf tschechisch heißt, waren wir zusammen mit anderen deutschen Flüchtlingen in einem Klassenzimmer einer Schule am Marktplatz untergebracht worden. Damals besaßen wir noch vollständig das mitgenommene Gepäck. Zum Essen gingen wir in das Gasthaus gegenüber der Schule. Ich erinnere mich noch an so vieles. An den Ostergottesdienst in einer Sprache, die ich nicht verstand, an das gemeinsame Spielen mit meinen Schwestern am Bach im nahegelegenen Wald, an viele gelbe Blumen und den Geruch eines warmen Frühlings. Ich bin aufgeregt wie ein Kind. Wie wird der Ort heute aussehen? Was werde ich wiedererkennen?
Wir sind am Marktplatz der kleinen Stadt. Die Schule ist neu gestrichen und glänzt in der Septembersonne. Auch die Kirche hat eine frische gelbe Farbe. Ich gehe in das große Haus, die Tür ist noch die alte. Mir ist ganz seltsam zumute. Ich sehe meine Mutter wieder vor mir, die Schwestern und das befreundete Ehepaar, das aus Bremen stammte, ausgebombt war und dabei die einzige Tochter verloren hatte. 51 Jahre alte Erinnerungen.
Den Kollegen, die ich vor Freude über mein Wiedersehen mit dem Ort aus

Kindheitstagen im Gasthof zum Essen eingeladen habe, erzähle ich von unserem Aufenthalt, wie wir das Kriegsende erlebten und von den Tschechen vertrieben wurden. Sie freuen sich mit mir, daß mein Wunsch, am Ende der mährischen Reise hier haltzumachen, in Erfüllung gegangen ist, noch dazu bei diesem strahlenden Wetter. Die lustige Runde tauft nun scherzhaft Kunžak in Kuhnstadt um, und ich gebe zu, daß mir dieser Spaß gefällt.

Wir sind zum Interview bei Dr. Walter Becher eingetroffen, der im Süden von München wohnt. Er ist 1912 in Karlsbad geboren, ist Wissenschaftler, Politiker und Publizist. Viele Jahre lang war er Sprecher der Sudetendeutschen Landsmannschaft und galt in dieser Eigenschaft im Ostblock als der »Revanchist« par excellence. Ludek Pachmann ist mit ihm seit langem befreundet. Wir anderen treffen ihn zum ersten Mal. Zur Begrüßung gibt es Becherovka, einen Likör, der eine Erfindung seiner Vorfahren ist.
Wir stellen Fragen zu den Etappen seines Lebens. Kaum bekannt ist die Tatsache, daß die Nationalsozialisten ihn 1939 als Mitglied des autonomistischen Flügels der Sudetendeutschen Partei verhafteten.
Wir kommen auf sein persönliches Verhältnis zu seinem Heimatland zu sprechen. »Ich liebe natürlich Böhmen genauso wie die Tschechen, weil Karlsbad meine Heimat ist. Im Herzland Böhmen inmitten Europas bin ich aufgewachsen und verwurzelt. Ich freue mich darüber, mich heute noch als ein guter, echter Böhme zu bekennen. Ich bedaure, daß die Tschechen mit der Vertreibung der Deutschen, eines der alten Partnervölker, sich sozusagen einen Lungenflügel herausgerissen haben. Das ist etwas, was auf Dauer nicht gut sein wird. Wir müssen wieder zusammenkommen, und ich glaube auch, daß das im Laufe der nächsten Jahrzehnte der Fall sein wird.
Auf die Dauer wird sich das alles ausgleichen, und es wird die Tatsache übrigbleiben, daß Tschechien in den

Teich in Südböhmen

Die Schule in Königseck

mitteleuropäischen Bereich eingeflochten ist. Meine Grundüberzeugung ist: Böhmen ist das Herzland Europas, und Prag ist die Nahtstelle, das Rad, wo sich Nord und Süd, West und Ost treffen. Prag ist die natürliche Hauptstadt Europas. Das kann sie aber nur sein, wenn zwei Völker dort wohnen oder drei. Die Juden noch dazu. Es kann aber nicht dann das Herz Europas sein, wenn sie sich absolut nationalstaatlich organisieren wollen. Dann verlieren sie diese Aufgabe und diese Funktion.«

»Wie steht es denn um die Rückkehrbereitschaft der Sudetendeutschen?« wollen wir von ihm wissen.

»Radikale Kräfte unter den Tschechen machen ja ihr Geschäft damit, daß sie davon ausgehen, jetzt kommen die Deutschen wieder zurück und nehmen eure Häuser weg. Diese Gefahr besteht einfach nicht, und ich würde sogar sagen, nachdem wir ein halbes Jahrhundert von der Heimat ferngehalten worden sind, würden wir, selbst wenn man uns Gold und Silber dafür verspricht, nicht en bloc wieder zurückkehren. Das ist meine persönliche Meinung. Ich weiß, daß andere, vielleicht auch die Landsmannschaft, und diese und jene Gruppe anderer Meinung sind. Aber das ist meine Überzeugung, die ich seit mehreren Jahren schon äußere. Die Tschechen brauchen keine Angst zu haben, daß die Volksgruppe von heute auf morgen zurückgeht. Glauben Sie, daß ich aus diesem Haus zurückgehe? Die ältere Generation hat sich hier regeneriert und verwurzelt. Sie bleiben alle hier, zumindest bis auf diejenigen, die drüben wirtschaftlich tätig sind, und für die müssen eben Lösungen im kom-

Links:
Die Kirche in Königseck

menden Europa gefunden werden. Das halte ich nicht für so schwierig. Das Gros der Volksgruppe bleibt hier, und insofern brauchen die Tschechen keine Angst zu haben.«

Es ist strahlendes Wetter. Über der Ludwigstraße und dem Geschwister-Scholl-Platz steht ein tiefblauer Himmel. Ich zeige meinen Kollegen das schöne Hauptgebäude der Münchner Universität.
In der Schellingstraße neben der Uni treffen wir Prof. Friedrich Prinz in seinem Institut. Er gilt als einer der besten Kenner der Geschichte von Böhmen und Mähren und stammt selbst aus dem Sudetenland. Er wurde 1928 in Tetschen an der Elbe geboren.
Wir machen mit ihm den obligatorischen Gang durch die Historie, beginnend bei der deutschen Besiedlung von Böhmen und Mähren, der Rolle und Bedeutung von Kaiser Karl IV. und dem Einfluß der Prager Kanzleisprache auf das Neuhochdeutsche. Prof. Prinz rühmt in diesem Zusammenhang die prächtige sechsbändige Wenzelsbibel, die in der deutschen Hochsprache geschrieben ist, wie sie in Prag üblich war. Wir sprechen über die wichtigsten Etappen der Geschichte: die Schlacht bei Königgrätz 1866, den Frieden von Prag, den mährischen Ausgleich, den Ersten Weltkrieg und die Lage der Deutschen in der Tschechischen Republik ab 1918 sowie über das Münchner Abkommen und Hitlers Überfall auf die Rest-Tschechoslowakei. Schließlich sind wir bei der sudetendeutschen Situation nach dem Zweiten Weltkrieg.
»Ich kann mich noch gut daran erinnern«, erzählt Prof. Prinz, »wie mein Vater und viele Leute 1945 sagten: ›Na ja, jetzt wird es uns erst einmal furchtbar schlecht gehen. Aber irgendwie wird sich das schon wieder einschau-

Rechte Seite: Auf dem Kirchplatz von Königseck

keln.‹ Man hatte das Gefühl, irgendwie kommen wir doch wieder zusammen. Das war jedenfalls auf deutscher Seite weit verbreitet. Um so größer war dann der Schock der Vertreibung.«

Zum aktuellen deutsch-tschechischen Verhältnis rät Friedrich Prinz: »Man sollte zwei Problemkreise entkoppeln. Auf der einen Seite die historisch objektiv sachliche Aufarbeitung dessen, was geschehen ist, und auf der anderen Seite die Gegenwartsprobleme. Wenn man das dauernd vermischt, dann blockiert das eine das andere. Das zeigt ja das Schicksal der gemeinsamen Deklaration, die ja ständig überarbeitet wurde. Weil die tschechische Seite befürchtete, wenn wir in diesem Punkt zugeben, daß wir Unrecht haben, dann reagieren die Sudetendeutschen und sagen, wir kommen in toto zurück. Aber es ist doch so, daß von der Gegenwartssituation aus natürlich niemand daran denkt, daß es da eine En-bloc-Rückwanderung gibt. Bei einem Beitritt Tschechiens zu den europäischen Institutionen wird es in ein paar Jahren ganz selbstverständlich sein, daß Deutsche wieder in die tschechische Republik gehen und sich dort ansiedeln, wie auch umgekehrt.«

Unser drittes und letztes Interview in München führen wir mit dem Generalsekretär der Ackermann-Gemeinde. »Sie wurde im Januar 1946 gegründet«, sagt Franz Olbert, »und war die erste sudetendeutsche Organisation, die sich im Westen bilden konnte.« Er erzählt von ihrer besonderen Situation und ihren Aufgaben, von der Unterstützung, die sie den Sudetendeutschen und den Tschechen in den Jahrzehnten gewähren konnte. »Die Kirche in der kommunistischen Tschechoslowakischen Republik war der besonderen Unterdrückung und Verfolgung ausgesetzt.« Aber auch heute nach der Wende hat die Kirche nach wie vor große materielle Probleme. So sei sie weiter auf Hilfe aus dem Westen angewiesen.

Nach all den leidvollen Erfahrungen und Wunden ginge es jetzt um die Wiederherstellung einer guten Nachbarschaft.

»Deutsche und Tschechen hätten die Chance, ein Beispiel zu geben, wie ethnische Probleme gelöst und geregelt werden können. Wir versuchen mit Tschechen daran zu arbeiten, um ein gutes Beispiel zu geben. Erfreulich ist, daß wir in der Tschechischen Republik viele Partner gefunden haben, die mit uns gerade im Informations- und Bildungsbereich diese Arbeit leisten. Ich denke, zur Versöhnung gibt es keine Alternative, auch wenn der Weg nicht einfach ist. Es kommt darauf an, daß die Gutwilligen auf beiden Seiten sich verstärkt zu Wort melden, sich zusammentun und diesen Weg gehen. Wichtig ist dabei, daß wir Unterstützung durch die Medien, durch Presse, Funk und Fernsehen erhalten, damit nicht nur negative Beispiele die Atmosphäre bestimmen, sondern verstärkt die positiven Beispiele meinungsbildend werden.«

Wir sind in Regensburg beim international renommierten Völkerrechtler Prof. Otto Kimminich. »Wie beurteilen Sie als Wissenschaftler die Benesch-Dekrete in bezug auf die Sudetendeutschen?« frage ich ihn.

»Man kann als Völkerrechtler nichts anderes sagen, als daß ihr Inhalt absolut völkerrechtswidrig ist«, entgegnet er. »Die Enteignung, der willkürliche Entzug der Staatsangehörigkeit, die Zwangsarbeit, die Entrechtung, das alles ist völkerrechtswidrig. Das wichtigste ist aber die Vertreibung. Es ist ganz klar, daß diese Benesch-Dekrete die Vertreibung zumindest vorbereitet haben, und aus meiner Sicht ist Vertrei-

bung das schlimmste völkerrechtliche Verbrechen.«

»Wie beurteilen Sie die Haltung der tschechischen Regierung zu den Benesch-Dekreten? Gelten sie denn noch heute?«

»Völkerrechtswidrige, innerstaatliche Gesetze werden nicht automatisch nichtig. Innerstaatlich behalten diese Gesetze ihre Gültigkeit, und es ist Sache der Tschechischen Republik, ob sie sie aufheben will oder nicht.«

»Was würde der Beitritt Tschechiens in die Europäische Union für die Sudetendeutschen und die Deutschen überhaupt bedeuten?« frage ich.

»Nicht so viel, wie man sich vielleicht davon erhofft. Aber daß die europäischen Rechtsnormen eben auch in der Tschechischen Republik gelten, ist ganz klar. Sie denken wahrscheinlich an die Freizügigkeit, die Niederlassungsfreiheit. Dagegen kann die Tschechische Republik nichts machen. Die kann keinen Vorbehalt erklären. Das muß sie akzeptieren. Aber diese Niederlassungsfreiheit und diese Freizügigkeit sind natürlich nicht gleichbedeutend mit dem Recht auf Heimat.«

Ich frage nochmals nach, wie die Eigentumsfrage mit dem Recht auf Heimat zusammenhängt.

»Ich glaube, den Sudetendeutschen geht es nicht darum, daß sie ihre Häuser wiederhaben wollen. Das alles ist ja längst weg, und die Sudetendeutschen haben es ja zu einigem hier gebracht. Es geht ihnen sicherlich nicht um materielle Werte, sondern hier geht es um das Recht und um das Rechtsgefühl. Eben darum, daß niemals gesagt werden darf, dies sei Rechtens gewesen. Auch die Enteignungen waren unrechtmäßig. Dabei muß es bleiben.

Auf das Recht kann eben nicht verzichtet werden. Man kann auf Vermögenswerte verzichten, man kann sogar auf die Heimat verzichten, obwohl das schon weh tut. Aber man kann nicht auf das Recht verzichten. Das ist es, was die Tschechen einsehen sollten, daß es hierbei nicht nur um die Vergangenheit geht, sondern auch um die Zukunft.«

SCHLUSS-STÜCK

Letzte Reise nach Prag im Oktober 1996

Es ist der 19. Oktober 1996, wir sind wieder in Prag und begeben uns auf unsere letzte Reise. Im Hotel Prag, in dem wir wohnen, sind am Abend alle Kollegen versammelt. Ich bekomme Gratulationen zum Bayrischen Fernsehpreis, den ich am Tag zuvor erhalten hatte. Dann berichtet Ludek Pachmann vom ersten Tag des Seminars, dessentwegen wir hier sind und das den Titel »Aufgaben zur Zukunftsgestaltung im deutsch-tschechischen Nachbarschaftsverhältnis« trägt. Es wird vom Deutsch-Europäischen Bildungswerk in Hessen gemeinsam mit dem Institut für mitteleuropäische Kultur und Politik in Prag veranstaltet. Pachmann berichtet von heftigen Auseinandersetzungen zwischen Tschechen und Deutschen. Wieder sei es dabei auch um unterschiedliche Zahlen gegangen. Wir diskutieren über den richtigen Umgang mit der Wahrheit und darüber, wie man für sie streiten soll. Pachmann vertritt die härtere Linie, meine anderen Kollegen und ich sind für eine konziliantere Form, auch wenn man in der Sache selbst nicht nachgeben darf.

Mein Koautor erzählt vom Inhalt der beiden Interviews, die sie am Tag zuvor aufgenommen hatten. Den Tschechen Dr. Rudolf Ströbinger habe er vor allem zur Okkupationspolitik der Nazis in Böhmen und Mähren befragt. Der Slowake Prof. Jan Mlynarik hätte sehr klar über das Thema Vertreibung der Deutschen gesprochen. Ich wußte, daß der Wissenschaftler wegen seiner Thesen zur sudetendeutschen Frage, die er unter dem Pseudonym »Danubius« als erster geäußert hatte, 1981 von den Kommunisten inhaftiert und später ausgebürgert worden war. Er hätte auch darüber berichtet, so Pachmann, wie positiv gerade die Sudetendeutschen die Emigranten aus der Tschechoslowakei in der Bundesrepublik aufgenommen und behandelt hätten.

Am nächsten Tag findet das Seminar nicht mehr im Hotel Quent am Rande der Hauptstadt statt, sondern im Peter-Parler-Haus, der Begegnungsstätte der deutschen Volksgruppe im Zentrum von Prag. Als Vorsitzender des veranstaltenden Bildungswerkes begrüßt Rudolf Wollner im vollgedrängten Saal des Hauses die deutschen und tschechischen Teilnehmer. Dann beginnt der Präsident des Bundes der Vertriebenen, Fritz Wittmann, sein Grundsatzreferat zum Thema: »Die Möglichkeiten des deutsch-tschechischen Dialogs unter Einbeziehung der Sudetendeutschen«. Er bittet darum, »Deutsche« und »Sudetendeutsche« bei den zahlreichen Problemen nicht gegeneinander auszuspielen. Ziel der Sudetendeutschen sei es mitzuhelfen, Rahmenbedingungen zu schaffen, aufgrund derer jeder Mensch entscheiden könne, ob er wieder in der alten Heimat leben wolle oder nicht.

»Die östlichen Staaten wären auch gut beraten, dies als Chance und wirklichen Beitrag zum gemeinsamen Wiederaufbau und zur Wiederbelebung weiter Teile der Heimatgebiete zu begreifen.« Heimat sei kein aggressives Projekt und impliziere nicht die Schaffung neuen

Das Peter-Parler-Haus in Prag

Unrechts. Er kommt auch auf die bevorstehende deutsch-tschechische Erklärung zu sprechen, von der er sich erhofft, daß sie inhaltlich nicht hinter der gemeinsamen Erklärung des Deutschen Bundestages zurückbleibt, die im Juni 1994 einstimmig angenommen wurde und in der es heißt: »Der Deutsche Bundestag fordert die Bundesregierung auf, über die Durchsetzung des Rückkehrrechts in die Heimat hinaus Möglichkeiten zu prüfen, wie Wiedergutmachungs- und Entschädigungsverpflichtungen der Vertreiber geregelt werden können.«

Im Anschluß referiert der frühere NATO-General Leopold Chalupa über die Frage der »Voraussetzungen zur Aufnahme der Tschechischen Republik in die NATO«, und Walter Piverka, der Vorsitzende der Landesversammlung der Deutschen in Böhmen, Mähren und Schlesien, spricht über »Die Aufgabe der Begegnungszentren im Zusammenleben der Deutschen und Tschechen«. Sie seien Inseln der Hoffnung für die im Lande verbliebenen Deutschen, berichtet er. In der Tschechischen Republik seien insgesamt zehn Begegnungszentren eingerichtet worden, die die Bundesrepublik Deutschland finanziert habe. Mit diesen Einrichtungen komme man dem Ziel näher, die eigene Identität wiederzufinden, Geschichte, Brauchtum und Sprache zu vermitteln. Die Zentren, in denen sich auch andere Minderheiten träfen, hätten eine wichtige Brückenfunktion.

Nach einer lebhaften Aussprache zu allen drei Themen befragen wir Walter Piverka noch zu anderen Problemen. »Mit welchen Schwierigkeiten hatten die Deutschen zu kommunistischer Zeit hier im Lande zu leben?«

»Die Deutschen wurden als Faschisten beschimpft. Weil wir alle Verwandte im westlichen Ausland, also im kapitalistischen Ausland, hatten, wurden auch wir zu Volksfeinden nach der Klassentheorie.
1960 stand im Vorwort zur neuen Verfassung, daß das Problem der deutschen Minderheit ein für allemal durch das Potsdamer Abkommen gelöst worden sei. Dadurch entstand ein Status de jure, nach dem es keine Deutschen mehr im Land gibt, und dann kam die Zwangsassimilierung der Deutschen, die im Lande geblieben sind.«
»Welche Probleme haben die Deutschen jetzt im Land, wo es wieder demokratisch ist?«
»Es sind Probleme, die natürlich von der Vergangenheit herrühren, auf beiden Seiten. Bei der deutschen Minderheit, da sie zersplittert lebte und zum Teil assimiliert war, keine Schulen hatte, ist die mittlere Generation zum Teil ohne die deutsche Sprache aufgewachsen. In vielen Menschen steckt bis heute eine Angst, sich nach 40 Jahren wieder als Deutsche zu bekennen. Es ist auch eine der Aufgaben der Verbände und der Landesversammlung, diese Identität den Menschen wieder zurückzugeben. Das zweite Problem liegt natürlich auch auf der tschechischen Seite, wo in der Vergangenheit 40 Jahre lang gesagt wurde, die Deutschen waren die Schlechten, die Sudetendeutschen und die Vertriebenen sind Revanchisten. Das ist notwendigerweise zu überwinden.«
Dann spricht er seine Hoffnung aus, daß in der deutsch-tschechischen Deklaration auch etwas über die deutsche Minderheit gesagt werden wird. Er beklagt sich darüber, daß viele tschechische Massenmedien noch immer nur von den negativen Tönen berichten. »Wir haben vor kurzem den Fernsehfilm ›Unsere Deutschen im Lande‹ gesehen. Wir haben gehofft, daß sie uns darstellen, so wie wir sind, wie wir leben, wie wir gelebt haben, was wir alles mitmachen mußten. Nichts dergleichen. Es gab Hitler, es gab Heydrich, und dann kamen wir. Damit werden bei den Mitmenschen, die vielleicht sonst begreifen würden, daß die Leute ein schweres Schicksal hatten, ganz andere Zusammenhänge hervorgerufen.«
»Wie kann man das Mißtrauen, das ja viele Tschechen den Deutschen gegenüber haben, abbauen?«
»Die Angst vor dem großen Nachbar Deutschland ist 40 Jahre geschürt worden. Das muß beseitigt werden. Das könnte vielleicht auch durch die Deklaration geschehen, daß Deutschland Tschechien eine Art Bestandsgarantie gibt. Was die deutsche Frage anbelangt, sind sich alle Parteien in Tschechien einig, ob sie links oder rechts stehen, Koalition oder Opposition sind. Alle möchten einen dicken Strich darunter ziehen. Vergessen wir alles und fangen

Schild am Peter-Parler-Haus

Das Filmteam im Hof des Klementinums in Prag. Von links nach rechts: Jiři Radek, Ekkehard Kuhn, Dirk Hans, Danny Och, Arno Keilbert und Felix Seebauer vom »Prager Wochenblatt«. Ludek Pachmann fehlt, da er kurz zuvor erkrankt war

von vorne an. Aber das geht in der Geschichte nicht, und das ist das große Problem zwischen der Einstellung der Tschechen zu den Deutschen und umgekehrt.«

Das letzte Interview für unsere Filme führen wir mit dem Tschechen Dr. Rudolf Erhart. Er ist Generalsekretär der Union für gute Nachbarschaft mit deutschsprachigen Ländern und ebenfalls Teilnehmer am Seminar im Peter-Parler-Haus. Die Union vereint Journalisten, Historiker, Politiker und Unternehmer. Ihr Präsident ist der Vizepräsident des tschechischen Parlaments, Dr. Jiři Flach. Wir fragen nach Partnerorganisationen auf dem Gebiet der Bundesrepublik, und Dr. Erhart zählt einige Beispiele auf.

»Wie steht es speziell mit den Sudetendeutschen?« fragen wir.
»Wir sind natürlich niemals Kontakten mit den Sudetendeutschen ausgewichen, sondern haben Kontakte mit allen sudetendeutschen Organisationen, von der Ackermann-Gemeinde über die Seliger-Gemeinde, dem Sudetendeutschen Rat und der Landsmannschaft bis zu den Heimatkreisen, die Kontakte zu Bürgern aus bestimmten Kreisen der Tschechischen Republik haben.«
Im Gegensatz zur offiziellen Politik hat die Union überhaupt keine Berührungsängste mit den Sudetendeutschen, und seine persönliche Meinung ist, »daß von tschechischer Seite zum Dialog mit den Sudetendeutschen ruhig etwas mehr Mut gezeigt werden könnte, weil ich vermute, daß die tschechische Seite

einen eklatanten Mangel an Argumenten in einer solchen Diskussion hat, die sehr korrekt und objektiv geführt werden sollte.«
Wir kommen auf den angedrohten Rücktritt des Vorsitzenden der Sozialdemokraten, Zeman, zu sprechen, der entschieden gegen die zu erwartende tschechisch-deutsche Erklärung ist, so daß sie unter Umständen von der Mehrheit des Parlaments abgelehnt werden wird. »Ich gehörte von Anfang an zu denen, die davon überzeugt waren, daß das Verhandeln auf den höheren Ebenen den Völkern nicht viel bringt. Tatsächlich denke ich, daß es nicht nötig ist, um den heißen Brei herumzureden, und daß es genügend Möglichkeiten gibt, wie Tschechen und Deutsche konkret miteinander auf verschiedenen Ebenen diskutieren, manchmal eben auch scharf.«
Und noch einmal nachgefragt, antwortet er: »Große Probleme aber wird es in jedem Fall geben, auch wenn die Deklaration angenommen wird. Vor allem müssen sich daher Sudetendeutsche und Tschechen aussprechen. Ich bin mehr für die Diplomatie der kleinen Schritte. Sudetendeutsche und Tschechen müßten einfach miteinander reden. Dort, wo das gelingt, wird man es auch schaffen, die verschiedensten und häufigsten Vorurteile abzubauen... Schade, daß es den tschechischen Politikern und der tschechischen Öffentlichkeit nicht gelungen ist, mit den Sudetendeutschen in dem Sinne zu einer Verständigung zu gelangen, daß die Sudetendeutschen zu einer Lobby der Tschechischen Republik in Richtung Westen werden.«

Der Wetterbericht hat für den Nachmittag Regen angesagt. Da wir aber noch unseren Aufsager für den Schluß des Filmes aufnehmen müssen, verzichten wir auf eine Pause. Wir fahren zum Strachow-Kloster, von dem aus man fast die ganze Altstadt Prags überblicken kann. Schon werden die Wolken dunkler. Das Licht für die Aufhellung des Vordergrunds steht. Wir Autoren wissen, was wir sagen wollen. Bis gestern hatten wir an dem Text gefeilt, schon vorher lange darüber diskutiert. Auf die tschechisch-deutsche Erklärung, die es ja bei der Ausstrahlung der Filme längst geben wird, können und wollen wir in unserem Aufsager keinen Bezug nehmen. Im Kommentartext der Sendung werden wir später darauf zurückkommen.
»Wir sind an den Ausgangspunkt unserer Reise, nach Prag zurückgekehrt«, beginne ich. »Unser Fazit: Das Verhältnis zwischen Tschechen und Deutschen ist schon besser, als es meist in den Medien dargestellt wird.«
Dann fährt Ludek Pachmann mit einer hoffnungsvollen Feststellung fort: »Die versöhnende Kraft der Wahrheit wird weiter wachsen – zum gegenseitigen Verständnis und zum Vorteil der beiden Nachbarvölker, der Tschechen und Deutschen«, und ich ergänze: »eine große Chance für eine gemeinsame Zukunft in einem vereinten Europa.«

Nachwort

Drei Monate sind seit der letzten Reise nach Prag vergangen. Nun ist sie mittlerweile bekannt: die deutsch-tschechische Erklärung, an der eineinhalb Jahre lang gefeilt wurde.
»Beide Seiten sind sich ihrer Verpflichtung und Verantwortung bewußt«, so heißt es zu Beginn, »die deutsch-tschechischen Beziehungen im Geiste guter Nachbarschaft und Partnerschaft weiterzuentwickeln und damit zur Gestaltung des zusammenwachsenden Europas beizutragen.«
In dem Papier bedauert die tschechische Seite erstmals formell und ausdrücklich, daß durch »die Vertreibung sowie zwangsweise Aussiedlung der Sudetendeutschen aus der damaligen Tschechoslowakei, die Enteignung und Ausbürgerung unschuldigen Menschen viel Leid und Unrecht zugefügt wurde.« Prag bedauert dabei die kollektive Schuldzuweisung, insbesondere die Exzesse bei der Vertreibung und die gesetzlich garantierte Straffreiheit der Täter.
Die Vertreibung an sich aber wird in der Erklärung nicht als Unrecht bezeichnet oder bedauert, und Tschechien distanziert sich darin auch nicht von den Benesch-Dekreten, der Grundlage der Vertreibung. Jede Seite bleibt »ihrer Rechtsordnung verpflichtet« und »respektiert, daß die andere Seite eine andere Rechtsauffassung hat. Beide Seiten erklären deshalb, daß ihre Beziehungen nicht mit aus der Vergangenheit herrührenden politischen und rechtlichen Fragen belastet werden.«
Bei diesem gemeinsamen Nenner, der sich von deutscher Seite gering ausnimmt, scheint es verständlich, daß die Sudetendeutsche Landsmannschaft als Vertreterin der Betroffenen, der Erklärung, wie sie sagt, nicht zustimmen will. Zumal fast alle ihre Vorstöße bei der Bundesregierung unberücksichtigt geblieben sind. Kurz vor seinem plötzlichen Tod hatte der aus Mähren stammende Bundestagsvizepräsident Hans Klein in einem Brief an den Bundeskanzler sie noch einmal zusammengefaßt und als Anwalt der Sudetendeutschen darauf hingewiesen, »daß aufgrund durchgesickerter Informationen über den Inhalt der Erklärung ein immer bitterer werdendes Gefühl der Enttäuschung in unseren Kreisen« hochkommt.
Die Erklärung selbst und ihre so unterschiedlichen Beurteilungen zwischen großer Zustimmung und eindeutiger Ablehnung in beiden Ländern machen deutlich, wie schmerzhaft und unbewältigt die Vergangenheit auf dem Verhältnis der beiden Völker lastet. Ein »Schlußstrich« unter die Geschichte, wie von tschechischer Seite erhofft, will und kann die deutsch-tschechische Erklärung nicht sein. Sie ist eine weitere Etappe auf dem gemeinsam gesuchten, notwendigen Weg zur Versöhnung, die ja eigentlich immer nur von den einzelnen Menschen gelebt und nicht durch ein Papier verordnet werden kann. Die Vielzahl freundschaftlicher Kontakte, die die Sudetendeutschen in ihrer Heimat zu den Tschechen aufgebaut haben, beweisen es hinlänglich. Gerade diejenigen, die am meisten unter der Vergangenheit gelitten haben, waren die ersten und sind die besten Wegbereiter der Verständigung.
Bei allen inhaltlichen Unzulänglichkeiten, die wohl blieben, weil sich die tschechische Regierung, der Volksmeinung folgend, nicht größere Zugeständ-

nisse abringen lassen konnte, bringt die Erklärung in ihren konkreten Maßnahmen wesentliche Fortschritte. So wird endlich ein sogenannter Zukunftsfonds eingerichtet, der mit beträchtlichen Mitteln ausgestattet ist und unter anderem der Jugendbegegnung, der Minderheitenförderung und der Pflege von Baudenkmälern dienen soll. Damit wird es zu weiteren, neuen Begegnungen zwischen Deutschen und Tschechen kommen, dem einzig wirksamen Weg zu mehr Verständnis und Verständigung.

Ich bin mir nach meinen Reisen und meinen Begegnungen mit vielen Tschechen ganz sicher, daß »die versöhnende Kraft der Wahrheit«, von der Bundespräsident Roman Herzog gesprochen hat, weiter wachsen wird. Man kann nicht erwarten, daß schon wenige Jahre nach dem Ende der kommunistischen Diktatur mit ihren Lügen und Verzerrungen der Geschichte eine große Bereitschaft in Tschechien herrscht, auch die dunklen Punkte der Vergangenheit einzugestehen. Bei allen Lasten der gemeinsamen Vergangenheit wird es aber in Böhmen und Mähren im Rahmen einer gemeinsamen europäischen Zukunft auch eine gemeinsame tschechisch-deutsche Zukunft geben. Dabei kann es natürlich nicht um die Wiederherstellung von deutschen Siedlungsgebieten gehen, sondern vielmehr um ein Anknüpfen an die früher so fruchtbare Zusammenarbeit zwischen Tschechen und Deutschen, von der Böhmen und Mähren voller Zeugnisse sind.

Früher haben böhmische Herzöge und Könige deutsche Siedler ins Land gerufen, um ihren Reichtum zu mehren »in dem Wissen, daß auf der Menge der Bevölkerung das Ansehen des Fürsten beruht«, wie es in der Gründungsurkunde der Stadt Politschka 1265 hieß, wo im letzten Jahr das erste deutsch-tschechische Jugendtreffen in Anwesenheit der beiden Präsidenten Herzog und Havel stattgefunden hat. Jetzt könnte es der Ruf nach deutschem Kapital, Knowhow und Managern sein, wie es im großen Stil in der Zusammenarbeit von Škoda und VW in Mladá Boleslaw (Jungbunzlau) bereits geschehen ist.

Auch eine gemeinsame Vergangenheit verpflichtet. Ob und wie viele Sudetendeutsche in die Heimat ihrer Eltern zurückkehren werden, ist heute noch nicht abzusehen. Ein spannendes Kapitel in der Zukunft von Böhmen und Mähren im Herzen Europas ist es allemal.

Zeittafel

400 v. Chr.
Keltische Boier in »Böhmen«, die dem Land den Namen geben

6. Jh. n. Chr.
Einwanderung der Slawen in Böhmen

624–659
Reich des fränkischen Kaufmanns Samo

845
Taufe von 14 böhmischen Stammesfürsten in Regensburg

Zweite Hälfte des 9. Jhs.
Großmährisches Reich

900–1306
Herrschaft der Přemysliden-Herzöge und Könige

921–929
Wenzel I. auf dem böhmischen Herzogthron (der spätere Heilige Wenzel)

973
Prag wird Bistum

12. und 13. Jh.
Deutsche Bauern, Handwerker und Kaufleute werden von den Herrschern ins Land gerufen

1311–1437
Böhmen unter der Herrschaft der Luxemburger

1333–78
Karl IV. in Prag (Statthalter, König, Kaiser)
»Goldenes Zeitalter« in Böhmen

1348
Prag bekommt die erste Universität in Mitteleuropa

1356
»Goldene Bulle«, das Reichsgrundgesetz bis 1806

ab 1400
Johannes Hus predigt gegen kirchliche Mißstände und für den Laienkelch

1415
Hus wird auf dem Konzil zu Konstanz zum Ketzertod durch Verbrennen verurteilt

1419
Erster Prager Fenstersturz
Beginn der Hussiten-Kriege (bis 1436)

1526–1918
Herrschaft der Habsburger über Böhmen, Mähren und Schlesien (ab 1763 über Österreichisch-Schlesien) innerhalb der Monarchie Österreich

1526–1806
Innerhalb des Heiligen Römischen Reiches Deutscher Nation

1576–1612
Kaiser Rudolf II.
»Silbernes Zeitalter« in Böhmen

1609
Kaiser Rudolf II.
Majestätsbrief (Religionsfreiheit)

1618
Zweiter Prager Fenstersturz
Beginn des Dreißigjährigen Krieges

1620
Schlacht am Weißen Berg.
Sieg der kaiserlich-katholischen Truppen Ferdinands II.
Beginn der Rekatholisierung in Böhmen und Mähren

1621
Hinrichtung der protestantischen Führer

1756–63
Siebenjähriger Krieg zwischen Preußen und Österreich. Der größte Teil Schlesiens fällt an Preußen. Ab jetzt tschechische Mehrheit in den böhmischen Ländern

1848
Revolution. Reformbemühungen scheitern

1866
Schlacht bei Königgrätz und »Frieden von Prag«. »Kleindeutsche Lösung«
Das Kaiserreich Österreich scheidet aus dem deutschen Staatenverband aus

1905
Mährischer Ausgleich

1914–18
Erster Weltkrieg
Die tschechischen Politiker Masaryk und Benesch agieren im Ausland für einen eigenen Staat

28. 10. 1918
Proklamierung der Tschechoslowakischen Republik

13. 11. 1918
Die sudetendeutschen Gebiete erklären sich zu Provinzen Deutsch-Österreichs

4. 3. 1919
Friedliche Demonstrationen der Sudetendeutschen für ihr Selbstbestimmungsrecht in vielen Orten werden von den Tschechen gewaltsam unterdrückt (54 Tote)

10. 9. 1919
Friedensvertrag von Saint-Germain. Auflösung des Habsburgerreiches. Österreich verliert Böhmen und Mähren an die neugegründete Tschechoslowakei. Verbot des Staatsnamens »Deutsch-Österreich« und des Anschlusses an das Deutsche Reich

29. 9. 1938
Münchner Abkommen. Abtrennung der sudetendeutschen Gebiete von der Tschechoslowakei und ihr Anschluß an das Deutsche Reich

15. 3. 1939
Einmarsch deutscher Truppen in die Tschechoslowakei. Der Griff nach Prag stellt den Bruch des Münchner Abkommens dar. Hitler errichtet das »Reichsprotektorat Böhmen und Mähren«

1939–45
Zweiter Weltkrieg

1945
Zweite sozialistische Republik

14. 6. 1945
Beginn der offiziellen Vertreibung der Sudetendeutschen

1948
Die Kommunistische Partei erringt die Macht

21. 8. 1968
Ende des »Prager Frühlings«

1977
Charta 77

24. 11. 1989
Sieg der stillen Revolution
Rücktritt des KP-Generalsekretärs

27. 2. 1992
Vertrag über gute Nachbarschaft und freundschaftliche Zusammenarbeit zwischen der Bundesrepublik Deutschland und der Tschechischen und Slowakischen Föderativen Republik

Ende 1992
Trennung der Tschechischen und der Slowakischen Republik voneinander

21. Januar 1997
Unterzeichnung der deutsch-tschechischen Erklärung in Prag durch Ministerpräsident Klaus und Bundeskanzler Kohl

Dresden
Elbe
Friedland
Reichenber
Jeschken
Gablon
Aussig
Kaaden
Theresienstadt
Jungbunzlau
Eger
Melnik
Elbogen
Karlsbad
Elbe
Eger
Lidice
Prag
Marienbad
Karlstein
Böhmen
Pilsen
Taus
T S C H E C H I S C
Moldau
Tabor
Pisek
Regensburg
Böhmerwald
DEUTSCHLAND
Budweis
Krumau
Oberplan
Ö S T E
Heutige Staatsgrenze
Grenzen zwischen Böhmen/Mähren
und Mähren/Schlesien
Siedlungsgebiete der Sudetendeutschen bis 1945,
die nach dem Münchener Abkommen vom
29./30.9. 1938 an das Deutsche Reich fielen